Ralf Huning
Ich muss nicht beten können
Erfahrungen auf dem geistlichen Weg

W0046255

RALF HUNING

Ich muss nicht beten können

Erfahrungen
auf dem geistlichen Weg

echter

1. Auflage 2019
© 2019 Echter Verlag GmbH, Würzburg
Umschlag: wunderlichundweigand.de (Foto: scarface / Adobe Stock)
Druck und Bindung: CPIbooks, Clausen & Bosse, Leck
ISBN 978-3-429-05364-2

Inhalt

Vorwort: Was ich Ihnen anbieten möchte

Sie haben ein Buch über das Gebet in die Hand genommen. Dazu möchte ich Sie beglückwünschen, denn ich vermute, dass Sie das Thema „Gebet" in irgendeiner Weise berührt. Für mich sind Gebet und Meditation lebenswichtig geworden, überlebenswichtig. Beten sei für die menschliche Seele so nötig wie für den Leib das Atmen, hat jemand gesagt. Das ist schon eine ziemlich starke Behauptung. Ich weiß nicht, ob Sie da mitgehen können. Vielleicht möchten Sie dem Gebet in Ihrem Leben mehr Raum geben, nehmen aber deutlich wahr, dass das nicht so einfach geht. Vielleicht ist das Gebet zwar bereits ein selbstverständlicher Teil Ihres Lebens, doch Sie wünschen sich eine Vertiefung oder eine Veränderung. Solche Wünsche sind eine gute Voraussetzung, damit das, wovon ich Ihnen erzählen will, für Sie von Nutzen ist. Eine jüdische Geschichte bringt sehr schön zum Ausdruck, was ich meine:

Ein junger Jude kam zu einem Rabbi mit dem Wunsch: „Ich möchte gerne dein Schüler werden". Der Rabbi schaute ihn freundlich an und sagte: „Gut, das kannst du, aber ich habe eine Bedingung. Du musst mir eine Frage beantworten. Liebst du Gott?" Da wurde der junge Mann nachdenklich: „Lieben? Wenn ich ehrlich bin, wirklich lieben tue ich ihn nicht." Der Rabbi antwortete darauf: „Gut, wenn du Gott nicht liebst, hast du vielleicht Sehnsucht danach, ihn zu lieben?" Der junge Mann überlegte eine Weile und erklärte dann: „Manchmal spüre ich die Sehnsucht danach, Gott zu lieben recht deutlich, aber meistens bin ich mit so vielem beschäftigt, dass diese Sehnsucht im Alltag untergeht." Der Rabbi schwieg nun auch für eine Weile und sagte dann:

„Wenn du die Sehnsucht, Gott zu lieben, nicht so deutlich ver-
spürst, hast du dann Sehnsucht danach, Sehnsucht zu haben?"
Da hellte sich das Gesicht des jungen Mannes auf: „Genau das
ist es! Ich sehne mich danach, diese Sehnsucht zu haben, Gott
zu lieben." Der Rabbi entgegnete ihm darauf: „Das genügt, du
kannst mein Schüler sein!"

Ich weiß nicht, ob ich zum geistlichen Lehrmeister tauge.
Das scheint mir doch ein zu hoher Anspruch zu sein. Aber
gerne teile ich mit anderen etwas von dem, was ich auf dem
geistlichen Weg erfahren habe. Vielleicht ist es auch hilfreich
für Sie. Ich kann Ihnen versprechen: Dieses Buch ist kein
Ratgeber, der auf alles und jedes eine neunmalkluge Antwort gibt. Dieses Buch ist keine Rezeptsammlung, keine
Gebrauchsanweisung, der man nur möglichst buchstaben-
genau folgen muss, um das gewünschte Ergebnis zu erreichen.

Nein, dieses Buch wurde von jemandem geschrieben, der
leidenschaftlich gerne betet, der aber nicht behauptet, er
könne anderen genau sagen, wie das geht mit dem Beten.
Ich misstraue sogar allen, die so etwas behaupten, denn ich
halte das Gebet für etwas, was man nicht „machen" kann.
Wir können wohl Bedingungen schaffen, die förderlich für
das Gebet sind. Aber das Gebet, wie ich es zu lieben gelernt
habe, geschieht nur, wenn ein anderer mitwirkt. Mitwir-
kung ist eigentlich ein viel zu schwaches Wort. Eher würde
ich sagen, dass ich mitwirken darf an dem, was dieser andere
wirkt. Wenn Sie mich jetzt fragen, in welcher Weise ich
mitwirke, dann fällt mir das Wortfeld „lassen" ein: Ich überlasse mich, lasse los, lasse geschehen, verlasse mich auf jemanden …

Ein befreiendes Eingeständnis:
Ich kann nicht beten

Müsste ich nicht ganz anders beten?

Als ich mit dem Schreiben dieses Buches begann, erinnerte ich mich an ein Erlebnis, das schon einige Jahre zurückliegt. Es war bei einem Treffen von Priestern. Wir waren zusammengekommen, um mit dem Bischof über die anstehenden strukturellen Veränderungen in der Diözese zu beraten. Nachdem es in einer Diskussionsrunde bereits viele engagierte Wortmeldungen gegeben hatte, meldete sich auch ein indischer Priester, der erst seit kurzem im Bistum tätig war. Bevor er sich zur Sache äußerte, wollte er aber zunächst beten. Er dankte Gott für die Zusammenkunft und bat um die Führung durch den Heiligen Geist, damit er auch in richtiger Weise ins Wort fassen könnte, was ihn bewegte.

Es fiel aus dem Rahmen, dass mitten in einer Diskussion ein persönliches Gebet gesprochen wurde. Ich weiß nicht mehr, worüber dieser Priester dann gesprochen hat. Aber sein Gebet beeindruckte mich sehr. Ich spürte gemischte Gefühle in mir. Mir kam das Auftreten zunächst frömmlerisch vor. Ich wusste: So machte das niemand bei uns, ich selbst auch nicht. Das entspricht nicht unserer kulturellen Prägung. Aber ich spürte auch deutlich ein tiefes Bedauern in mir. Warum beten wir eigentlich nicht so selbstverständlich wie dieser indische Priester? Warum schäme ich mich, in einer Diskussion mit Geistlichen ein ganz persönliches Gebet zu sprechen? Warum weisen wir dem Gebet einen so klaren Ort zu: Das gehört in die Kapelle oder wird mit einem „geistlichen Impuls" zu Beginn „erledigt"?

Ich musste an meine eigene Familie denken. Bei uns gehörte das Tischgebet beim gemeinsamen Essen einfach dazu. Aber wenn wir miteinander in ein Restaurant gingen, wurde nicht gebetet. „Das schickt sich nicht". „Das ist aufdringlich und unpassend". Es kostet mich bis heute Überwindung, in einem Lokal vor dem Essen ein stilles Gebet zu sprechen und mich zu bekreuzigen.

Der indische Priester hat mir bewusst gemacht, dass es eine tiefe Sehnsucht in mir gibt. Ich möchte unverkrampft beten können. So, als wäre es das Normalste in der Welt mit Gott zu sprechen. Einfach so von du zu du.

Akzentverschiebung

Worauf ich den Akzent lege,
das hat Konsequenzen
nicht nur für mein Leben

Bin ich ein Geister-fahrer
mit meiner religiösen Suche?
Immer auf der falschen Spur?
Gemeingefährlich gar,
weil ich mich nicht
mit dieser Welt zufrieden gebe?

Oder bin ich Geist-erfahrer?
Ganz erfüllt von deinem Geist,
geführt, begleitet,
sanft ermutigt
vom Anwalt, Helfer, Freund?

Stifte ich Verwirrung
oder wird Begeisterung
meinen Spuren folgen?

Sei du es,
der in meinem Leben
den richtigen Akzent setzt.

Ich kann nicht beten

„Ich kann nicht beten". Manche Menschen stellen das einfach so fest. Ohne großes Bedauern. „Es ist nun einmal so. Ich bin halt religiös unmusikalisch. Da kann man nichts machen. Also lass mich mit der Beterei bitte in Ruhe."

Für andere wiederum ist ihre Unfähigkeit zu beten eine große Not. Sie würden gerne mit Gott in Kontakt kommen, weil sie in ihrer schwierigen Lebenssituation nirgendwo mehr Hilfe zu erwarten haben. Aber es funktioniert nicht mit dem Gebet. Es ist frustrierend und niederschmetternd.

Ich gehöre weder zu der einen noch zu der anderen Gruppe. Das Gebet ist mir nicht egal. Ganz im Gegenteil. Aber es ist keine Krankheit und eine andere extreme Notlage, die mich zum Beten bringen würde. Nein, es ist etwas anderes. Ich habe Sehnsucht nach Gott. Ich weiß, dass mein Leben nur dann zu seinem tieferen Sinn gelangt, wenn ich Gott nahe sein kann. Ich will ohne ihn nicht leben. Irgendwann habe ich eine Ahnung verspürt, dass auch Gott mich gerne in seiner Nähe haben will. Deshalb habe ich mich als junger Mann – es ist schon dreißig Jahre her – für einen geistlichen Beruf entschieden, bin in eine katholische Ordensgemeinschaft eingetreten und bin später auch Priester geworden. Und weil Gott so wichtig für mich ist, hat das Gebet in meinem Leben immer einen hohen Stellenwert gehabt.

Ich bin gerne Ordensmann und Priester. Und doch – über viele Jahre spürte ich in mir eine grundlegende Unzufriedenheit. Obwohl ich viel Schönes erlebt habe und durchaus erfolgreich war mit dem, was ich unternahm, war ich nie ganz zufrieden. „Das kann es noch nicht sein, da fehlt noch etwas!" Ich wusste nur nicht, was. Ich ahnte, dass es etwas mit meinem Beten zu tun hatte. Ich nahm regelmäßig an den Gebeten meiner Gemeinschaft teil, aber oft kam mir das zu oberflächlich, zu routiniert, zu seelenlos vor. Und mein persönliches Gebet litt häufig unter Termindruck und Arbeitsbelastung. „Jetzt noch beten? Ich bin so müde. Mir fehlt die Kraft."

Besonders deutlich spürte ich meine Unzufriedenheit, als wir mit einer kleinen Gruppe von Ordenspriestern in einem Pfarrhaus eine neue Niederlassung unserer Ordensgemeinschaft gründeten. Wir waren damals alle sehr beschäftigt. Jeder von meinen Mitbrüdern war sehr engagiert in seinem priesterlichen Dienst. Für das gemeinsame Gebet blieb da nur wenig Raum. Meinen Mitbrüdern schien das nicht viel auszumachen. Schließlich waren wir alle beruflich ständig mit Beten beschäftigt. Doch ich litt darunter, dass wir als Gemeinschaft nicht häufiger zum Gebet zusammenkamen, und ich merkte, dass mich meine Unzufriedenheit auch im Zusammenleben mit meinen Mitbrüdern sehr hemmte. Es dauerte lange, bis ich wusste, was mir wirklich fehlte. Ich hatte Sehnsucht nach Gott. Doch ich hatte den Eindruck, dass all mein Bemühen im geistlichen Leben mich ihm nicht wirklich näher brachte. Ich erwartete, dass die Gebetsgemeinschaft mit meinen Mitbrüdern mir dabei helfen würde. Heute bin ich dankbar dafür, dass wir damals nur sehr wenig zusammen gebetet haben. Denn dadurch wurde ich herausgefordert, mich dem Problem endlich zu stellen.

„Ich kann nicht beten." Es hat sehr lange gedauert, bis ich zu dieser Erkenntnis gekommen bin. Bis ich mir das ehrlich eingestehen konnte. Es stimmt. Ich kann das nicht. Nicht, dass Sie mich falsch verstehen. Ich habe kein Problem damit, schöne Gebete zu formulieren. Ich bekomme auch immer wieder die Rückmeldung, dass Menschen die Weise, wie ich als Priester Gottesdienste gestalte, als ansprechend und wohltuend erleben. Wenn ich nach vielen Jahren der Gebetspraxis behaupte, ich könne nicht beten, dann meine ich damit: Das, was ich mir vom Beten erwarte, kann ich durch mein eigenes Bemühen nicht erreichen.

Ich sehne mich nach der Gegenwart Gottes. Doch wenn ich betete, dann hatte ich oft das Empfinden, ins Leere hinein zu beten. Und das empfand ich als wenig lohnenswert. Ich wollte nicht leere Rituale vollziehen. Ich wollte nicht länger Bitten und Lobbezeugungen an einen unbekannten Adressaten schicken. Es gab zwar gelegentlich auch berührende Erfahrungen bei Gottesdiensten und Gebeten, die mich neu zum Beten motivierten. Aber der Gebetsalltag war eher trocken, fühlte sich nach Arbeit und Routine an. „Müsste das nicht anders sein?", fragte ich mich, wenn ich las, was Jesus über das Gebet sagte. „Warum machst du es uns so schwer?", fragte ich Gott. „Ich kann dich nicht sehen, nicht hören, nicht betasten, nicht riechen, nicht schmecken. Ich möchte keine Gebete sprechen, bei denen ich das Gefühl habe, nur ein langes Selbstgespräch zu führen. Ich möchte dir auch nicht aus Pflichtgefühl Gebetstexte vorlesen oder Bitten vortragen, an deren Erfüllung ich selbst nicht recht glauben kann. Ich habe eigentlich nur eine Bitte, die mir ganz wichtig ist: Ich möchte ehrlich mit dir reden. Und ich möchte eine Antwort von dir!"

„Ich kann nicht beten." Ich bin heute sehr froh, dass ich das nun weiß und das auch voll und ganz annehmen kann. Es fiel mir nicht leicht, mir das selbst einzugestehen. Denn ich habe mich wirklich bemüht, weil ich lange glaubte, dass ich das doch eigentlich können müsste. Schließlich verlangt meine Ordensregel von mir das regelmäßige Gebet. Und vor der Priesterweihe musste ich dem Bischof versprechen, auf eine ganz bestimmte Weise mehrmals am Tag zu beten. Ich habe mich bemüht und bin gescheitert. Es war eine Befreiung, als ich ehrlich sagen konnte: Ich kann das nicht. Als ich kapitulierte. Noch größer war die Befreiung, als ich dann endlich begriff: Ich brauche es auch gar nicht zu können! Seit ich das weiß, bete ich anders. Seitdem habe ich große Freude am Gebet. Erst als ich wirklich mit voller Überzeugung Gott sagen konnte, dass ich nicht beten kann, entdeckte ich, dass das gar kein Problem ist. Was ich als Kapitulation empfand, stellte sich als großer Segen heraus. Ich hörte auf, Gebete zu machen, und fing an zu beten.

Ich entdeckte, dass ich nicht der einzige engagierte Christ bin, der nicht beten kann. Der Apostel Paulus konnte auch nicht beten, obwohl er ein ganz besonders inniges Verhältnis zu Jesus Christus hatte, so dass er sogar von sich sagen konnte, nicht mehr er selbst lebe, sondern Christus lebe in ihm (vgl. Gal 2,20). Und er behauptete sogar, dass es beim Gebet eigentlich allen so ginge wie ihm selbst. „Wir wissen nicht, worum wir in rechter Weise beten sollen", schrieb er der Gemeinde in Rom. Er kannte die Leute dort noch gar nicht! Aber er behauptete, ohne mit der Wimper zu zucken, ihnen ginge es ganz bestimmt so. Mit dem richtigen Beten bekämen sie das einfach nicht hin. Paulus schrieb das nicht, um die Gemeinde zu entmutigen. Denn im gleichen Satz zeigte er die Lösung des Problems auf: „Der Geist nimmt sich unserer Schwachheit an." Wir haben also einen himmlischen Helfer. Aber es ist jetzt nicht so, dass der Geist uns einfach die richtigen Gebetsworte eingeben würde. „Der Geist selber tritt jedoch für uns ein mit Seufzen, das wir nicht in Worte fassen können." Der Geist seufzt. Irgendwelche Laute also gibt er von sich. Klar als Gebet zu erkennen ist das sicher nicht. Aber auch das war für Paulus kein Problem. Denn er war überzeugt, dass der, an den sich dieses Gebet richtet, diese Art des Betens versteht: „Gott, der die Herzen erforscht, weiß, was die Absicht des Geistes ist: Er tritt so, wie Gott es will, für die Heiligen ein" (Röm 8,26–27).[1] Die „Heiligen" sind für Paulus übrigens nicht die Superchristen, eine spirituelle Elite, sondern alle, die von Gott zum Glauben berufen sind. Also auch Sie und ich.

„Ich kann nicht beten." Seit einigen Jahren erinnere ich mich jedes Mal ganz bewusst daran, wenn ich mir Zeit für Meditation oder stilles Gebet nehme. Das, was ich jetzt vorhabe, kann ich nicht machen. Ich kenne keine Methode, mit der ich sicher das erreichen könnte, was ich ersehne. Die einzige Methode, die mir ganz wichtig ist, ist ein Stoßgebet zum Heiligen Geist. „Mach du was draus aus dieser Gebetszeit! Ich würde mich freuen, wenn du für mich betest! Du weißt ja besser als ich, dass ich das nicht kann." Und ich bin überzeugt: Der Geist lässt mich nicht im Stich. Er betet. Aber auf seine Weise. Anders als das, was ich bisher für ein „richtiges Gebet" hielt. Meine Vorstellungen von dem, was man als „Gebet" bezeichnen kann, kommen mir immer wieder in die Quere. Sie wecken in mir eine bange Frage: „Kann man das eigentlich Beten nennen, was ich da gerade gemacht habe?" „Meditation" ist da schon ein unverdächtigerer Begriff. Aber ich spreche lieber von „Gebet", weil ich damit sagen will, dass ich mich auf ein „Du" hin ausrichte. Was ich sicher sagen kann: Ich fühle mich oft sehr wohl bei meiner Weise des Betens. Seit ich weiß, dass ich das, was ich ersehne, nicht selbst machen kann, dauern meine Gebetszeiten auch viel länger als früher. Denn ich ermüde viel seltener dabei. Im Gegenteil fühle ich mich oft danach erfrischt und voller Kraft. Beim heiligen Paulus habe ich gelernt, auf solche Wirkungen des Betens zu achten. Er schrieb an die Christen in seinen Gemeinden, man könne an sich selbst merken, ob der Heilige Geist wirke oder nicht. „Wo der Geist des Herrn wirkt, da ist Freiheit" (2 Kor 3,17), so steht es in einem der Briefe, die Paulus an die Gemeinde in Korinth schrieb. Und gegenüber den Christen in Galatien sprach er von „Früchten des Geistes", die sich in unserem Leben zeigten: „Liebe, Freude, Friede, Langmut, Freundlichkeit, Güte, Treue, Sanftmut und Selbstbeherrschung" (Gal 5,22–23). Ich begriff: Wenn mich mein Beten und Meditieren freier, liebender, froher, geduldiger und gütiger macht, dann weiß ich, dass der Geist ganze Arbeit geleistet hat. Dass er auf seine Weise betet und dass Gott sein Gebet gut verstanden hat.

Der Geist tritt für uns ein. Nicht mit wohlfeinen Worten, sondern mit unaussprechlichem Seufzen. War vielleicht meine Sehnsucht nach gelingendem Gebet, mein Seufzen darüber, dass mein Gebet oft so mühsam und trocken war, schon ein Ausdruck des Betens des Geistes in mir?

Ich schreibe dieses Buch nicht, weil ich möchte, dass alle Menschen so beten, wie ich das derzeit meistens tue. Nein, es gibt viele verschiedene Arten des Betens. Sie müssen herausfinden, welche für Sie jetzt passend ist. Welche Gebetsform Ihnen dabei hilft, den Heiligen Geist in sich beten zu lassen. Vielleicht kann das, was ich Ihnen in diesem Buch erzählen möchte, dazu eine Anregung sein. „Wo der Geist des Herrn wirkt, da ist Freiheit" (2 Kor 3,17), schrieb der Apostel Paulus. Ich bin überzeugt, dass sich diese Freiheit auch auf den Vollzug des Betens bezieht. Wir müssen keine Gebetsleistungen erbringen, um Gott zufriedenzustellen, und wir müssen nicht auf eine bestimmte Weise beten.

Ein schwieriges Eingeständnis

„Ich kann nicht beten!" Vielleicht fragen Sie sich, warum ich so viel Aufhebens um diese Erkenntnis mache. Steht das nicht in jedem spirituellen Handbuch, dass man Gebet nicht machen kann? Dass das Gelingen des Gebets letztlich immer Gabe Gottes ist, freies Geschenk? Natürlich hatte ich das auch schon gehört. Ich habe deshalb auch in meinen Gebeten immer wieder um dieses Geschenk gebetet. Aber auch wenn man mit schönen Worten solche Bitten ausspricht, lebt man nicht automatisch in einer empfangsbereiten Haltung. Unsere Kultur ist eine Kultur der Machbarkeit. Meine familiäre Erziehung und auch die Schulbildung leiteten mich dazu an, die Dinge, die mir aufgetragen wurden, mit ernsthaftem Bemühen selbst in die Hand zu nehmen. Die Hände in den Schoß legen und darauf warten, dass mir das Ersehnte einfach geschenkt wird? Ich kann mich nicht erinnern, dass mir das jemals als Grundhaltung vermittelt worden wäre. Im Gegenteil prägte man mir immer wieder ein, dass das Gelingen wichtiger Dinge vor allem davon abhängt, dass ich mich auch richtig dafür ins Zeug lege. Auch beim Beten war das so. „Hast du auch dein Abendgebet gesprochen?" „Fang noch nicht mit dem Essen an, erst wird gebetet!" Ich habe mich darum redlich bemüht, ein fleißiger Beter zu werden.

Es fällt mir nicht leicht zuzugeben, dass ich etwas trotz besten Bemühens nicht kann. Zwar machte ich eine solche Erfahrung bereits in meiner Schulzeit immer wieder im Sportunterricht. Es war beschämend und erniedrigend, wenn ich bei den Übungen am Barren versagte oder wenn es mir bei den jährlichen „Bundesjugendspielen" trotz großer Anstrengung nicht gelang, so weit zu springen, den Ball zu schleudern oder die Kugel zu stoßen, wie ich das laut Anforderungsprofil hätte können müssen. Ich war froh, dass ich wenigstens sonst im Schulunterricht keine Probleme hatte. Und ich bemühte mich eifrig, weiteres Versagen in meinem Leben abzuwenden.

Das erste Mal, dass ich zugeben musste, etwas wirklich nicht zu können, war, als ich versuchte, mit dem Rauchen aufzuhören. Ich hatte bereits in meiner Jugend damit angefangen und war mit der Zeit ein immer stärkerer Raucher geworden. Ich empfand das Rauchen lange Zeit als sehr wohltuend. Es war ein verbindendes Moment im Zusammensein mit meinen Freundinnen und Freunden. Es half mir, „Dampf abzulassen", und schenkte mir in meinem Alltag immer wieder Unterbrechungen. Doch mit den Jahren spürte ich immer deutlicher die negativen Auswirkungen des Rauchens, ich fühlte mich abhängig und unfrei. Deshalb entschloss ich mich, mit dem Rauchen aufzuhören. Das Aufhören an sich fiel mir niemals schwer, ich war motiviert und dachte, mit viel gutem Willen würde es schon klappen. Aber ich wurde immer wieder rückfällig – nach einigen Wochen, Monaten oder sogar einem ganzen Jahr der Abstinenz. Ich spürte, wie tief das Rauchen in meinem Unterbewusstsein verankert war. Drei Jahre lang versuchte ich, von dem Laster loszukommen. Ich fühlte mich beschämt und erniedrigt, weil es mir nicht gelang. Immer wieder hörte ich von anderen Menschen, die angeblich mühelos von einem Tag auf den anderen das Rauchen aufgegeben hatten. Ich aber kämpfte mit der Sucht und mit meinem inneren Ärger über mein eigenes Unvermögen.

Nach drei Jahren des Aufhörens und Rückfälligwerdens war ich dann an dem Punkt angelangt, dass ich nicht mehr weiter wollte. Ich akzeptierte mein Scheitern. „Und wenn auch alle anderen das Rauchen aufgeben können, ich kann es offensichtlich nicht! Ich muss es zugeben: Die Sucht ist stärker als ich. Dann ist es eben so. Aber ich möchte trotzdem meine Gesundheit nicht weiter schädigen. Ist nicht jeder Tag, an dem ich nicht rauche, ein Gewinn?", fragte ich mich selbst. Ein Gewinn für die Gesundheit und für meinen Geldbeutel. Also entschloss ich mich, wenigstens tageweise das Rauchen zu lassen. Ich erwartete nicht mehr, dass ich für immer davon loskommen müsste. „Nur für heute", sagte ich mir, „einen Tag müsste ich doch durchhalten können". Ich trug das Anliegen auch im Gebet vor Gott. „Hilf mir, den heutigen Tag ohne Verlangen nach einer Zigarette auszukommen. Nur für heute, mehr will ich gar nicht. Es ist nicht nötig, dass ich für immer ein Nichtraucher werde. Ich weiß ja, dass ich das nicht schaffe. Aber wenn ich heute ohne Zigarette leben könnte, wäre das großartig." Aus einem Tag wurde eine Woche, aus einer Woche ein Monat und nach einem Jahr bemerkte ich staunend, dass ich immer noch nicht wieder rückfällig geworden war. Ab dem Moment, an dem ich den selbsterzeugten Leistungsdruck von mir genommen hatte und akzeptierte, dass die Sucht stärker war als mein guter Wille, war es möglich geworden, ohne das Rauchen auszukommen.

Diese Erfahrung war wegweisend für mein weiteres Leben. Ich entdeckte erst später, dass ich dieselbe Entscheidung getroffen hatte, die auch die „Anonymen Alkoholiker" für den wichtigsten Schritt heraus aus der Sucht halten.

Nun ist das Gebet ja keine Abhängigkeit, von der man sich befreien müsste. Es ist im Gegenteil etwas, was dem Leben Freiheit, Lebendigkeit und Liebe geben kann. Aber auch das können wir uns nicht erobern. Wir können es uns nur schenken lassen. Dazu müssen aber die Hände leer sein, um empfangen zu können. Es braucht Demut und das Bewusstsein der eigenen Bedürftigkeit, um wirklich in dem Bewusstsein zu beten, dass das Gelingen des Gebets ganz von jemand anderem abhängt. Das Schöne aber ist: Dieser andere tut nichts lieber, als uns zu beschenken. Er wartet sehnsüchtig darauf, in uns beten zu dürfen.

Ich kann nicht beten – ich muss es auch nicht können. Gott sei Dank!

Die Suche nach dem Wiedehopf

Ein Urlaubserlebnis wurde für mich zu einem Gleichnis meiner Erfahrungen mit dem Gebet. Es war gegen Ende eines langen Winters. Ich war erschöpft von meiner Arbeit und hatte wieder den „Winterblues". Mein Körper war im Winterschlaf-Modus. Ich wurde einfach nicht mehr richtig wach. Tag für Tag schleppte ich mich durch meinen Alltag. Ich verordnete mir selbst einen Urlaub in Südeuropa, um dort Sonne zu tanken, zu wandern und zu schwimmen. Weil mir das außerordentlich gut tat, machte ich das auch in den folgenden Jahren und fuhr mehrfach zum gleichen Ort.

Als ich zum ersten Mal meinen Winterurlaub in Südeuropa verbrachte, machte ich am Ankunftstag kurz vor dem Abendessen in der Nähe des Hotels einen kleinen Spaziergang. Dabei hatte ich ein unerwartetes Erlebnis, das mich sehr berührte. Direkt neben dem Weg, der über ein Stück Brachland führte, sah ich einen Wiedehopf auf der Futtersuche, so wie man bei uns neben dem Weg Amseln sehen kann, wie sie das Erdreich durchwühlen. Ich war wie elektrisiert. Das muss ich sicher erklären, denn nicht jeder wird wissen, was für ein Vogel der Wiedehopf ist. Er war früher in Deutschland recht häufig, ist aber aufgrund der Verstädterung und der Zersiedlung der Landschaft sehr selten geworden. Ein Wiedehopf hat ein schwarz-weiß gestreiftes Federkleid. An Hals und Kopf ist er rötlich gefärbt. Er hat einen langen gebogenen Schnabel. Das Besondere sind seine Kopffedern, die er zu einer Federhaube aufstellen kann. Kurzum: Es ist ein außergewöhnlich schöner Vogel. Dass mich meine Beobachtung so faszinierte, hatte aber noch einen weiteren Grund. Mein älterer Bruder ist ein leidenschaftlicher Vogelbeobachter und er hat mich in meiner Kindheit mit seiner Begeisterung immer wieder angesteckt. Irgendwie hatte er es eines Tages sogar geschafft, mich zu einer gemeinsamen Fahrradtour durch den recht hügeligen Pfälzer Wald zu bewegen, auf der Suche nach dem Wiedehopf. Mein Bruder hatte nämlich gehört, dass es in einem bestimmten Tal noch einzelne Brutpaare dieses seltenen Vogels gebe. Die Radtour war für mich weniger eine Tour als eine Tortur. Auf unseren klapprigen Dreigangrädern fuhren wir in einem ewigen Bergauf und Bergab durch den Pfälzer Wald. Konditionell war ich damals als Elfjähriger meinem fast fünfzehnjährigen Bruder völlig unterlegen. Kurzum, die Tour machte mich fix und fertig, und das Schlimmste war: Von einem Wiedehopf war weit und breit nichts zu sehen. Ich war sehr enttäuscht. Meine Bereitschaft, für eine Vogelbeobachtung große Mühen auf mich zu nehmen, war danach für lange Zeit sehr gering.

Und dann das, viele Jahre später. Ich ging in der Nähe meines Hotels spazieren und vor meinen Füßen lief ein Wiedehopf, der sich überhaupt nicht von meiner Anwesenheit stören ließ. Ziemlich lange konnte ich ihn beobachten und seine Schönheit bewundern. Da hatte ich mich als Kind so angestrengt auf der vergeblichen Suche nach diesem Vogel und jetzt lief er mir so einfach vor den Füßen her!

Ich ging im Laufe des Urlaubs immer mal wieder zu der gleichen Stelle in der Hoffnung, den Wiedehopf noch einmal zu sehen, aber er zeigte sich nicht. Aber allein die Erinnerung an diese Beobachtung machte mich froh und sie setzte vor den ganzen Urlaub ein gutes Vorzeichen. Weil ich diesen Vogel gesehen hatte, ging ich nämlich viel aufmerksamer durch die Landschaft, freute mich an ihrer wilden Schönheit und sah ganz nebenbei im Laufe des Urlaubs eine ganze Reihe anderer seltener Tiere.

Auch im folgenden Jahr machte ich wieder Urlaub am gleichen Ort und hielt dann und wann Ausschau nach dem Wiedehopf – ohne Erfolg. Dass ich im Jahr darauf mit einer ganz neuen Intensität auf die Suche nach diesem Vogel ging, hing mit einem anderen Hotelgast zusammen, den ich alljährlich zur gleichen Zeit im Hotel antraf. Ihm hatte ich von meiner Beobachtung erzählt, und da er auch ein Vogelliebhaber war, war er ziemlich neidisch auf mich. Nun kam er eines Abends mit stolzgeschwellter Brust auf mich zu und sagte, er habe heute etwas mitgebracht. Und dann holte er seinen Fotoapparat hervor und zeigte mir auf dem Display wunderschöne Bilder, die er von einem Wiedehopfpaar mit zwei Jungvögeln gemacht hatte. Nun war das Feuer wieder in mir entbrannt: Diese Vögel wollte ich auch sehen! Ich begann, intensiver nach einem Wiedehopf Ausschau zu halten, besonders in der Gegend, die mir der andere Hotelgast genannt hatte.

Aber wie findet man eigentlich einen Wiedehopf? Er ist ziemlich klein, sucht sein Futter oft in Bodennähe und ist dort aufgrund seiner Gefiederfärbung kaum von der Umgebung zu unterscheiden. Um also einen Wiedehopf sehen zu können, muss man ganz langsam gehen, ganz genau hinschauen, auf jede Veränderung am Boden achten, genau auf Vogelstimmen lauschen.

Ich machte während dieses Urlaubs bei meinen Wanderungen sehr schöne und bemerkenswerte Vogelbeobachtungen – nur einen Wiedehopf sah ich nicht. Immer wieder hielt ich Ausschau, verlangsamte den Schritt, lauschte. Vergeblich. Ausgerechnet am letzten Urlaubstag meines Bekannten geschah dann, was ich nicht mehr erwartet hatte. In der Gegend, in der er seine Vogelbeobachtung gemacht hatte, entdeckte ich nur wenige Meter vor mir einen Wiedehopf. Ich folgte ihm auf Zehenspitzen und machte verstohlen ein paar Fotos. Bald zeigte sich sogar noch ein zweiter Vogel. Sicher eine halbe Stunde lang beobachtete ich die beiden. Ich fand sie einfach nur wunderschön und war ganz beglückt von der Beobachtung. Ganz stolz konnte ich am Abend meinem Hotelbekannten davon berichten und natürlich habe ich auch meinem Bruder sofort eine Email mit einem Foto geschickt. Ich war so begeistert von der Beobachtung, dass ich mehr davon sehen wollte. So ging ich am folgenden Abend wieder zur selben Zeit an den gleichen Ort und hielt Ausschau. Und tatsächlich: Ganz in der Nähe meiner ersten Beobachtung zeigte sich plötzlich erneut ein Wiedehopf, und ich konnte dann noch viel schönere Fotos von ihm machen als am Abend zuvor.

Ich weiß nicht, wie es Ihnen mit meiner Urlaubsgeschichte geht. Ich glaube, nur wenn Sie selbst schon einmal mit Freude Vögel beobachtet haben, werden Sie nachvollziehen können, wie es mir ergangen ist. Wenn Ihnen Vögel überhaupt nichts bedeuten, werden Sie wahrscheinlich denken: Was macht der ein Aufhebens wegen eines einfachen Vogels!

Ähnlich werden wohl Menschen denken, die überhaupt kein religiöses Gespür haben, wenn ich ihnen von meinen Gebetserfahrungen erzähle. Was ich eben von meiner Suche nach dem Wiedehopf erzählt habe, das ist nämlich meiner Erfahrung mit dem Gebet sehr ähnlich.

Am Anfang meines Betens stand die Begeisterung anderer, vor allem meiner Eltern, die ich als Beter erlebte und die mich zum Beten anleiteten. Mit ihnen zusammen machte ich erste Gebetserfahrungen. Beten war manchmal ziemlich anstrengend, aber ich nahm die Anstrengung auf mich, weil meine Eltern überzeugt waren, dass sich das lohnte.

Als Jugendlicher kam ich – wie die meisten meiner Altersgenossen – in eine Glaubenskrise. Ich merkte, dass ich nicht mehr wie ein Kind an Gott glauben und auch nicht mehr so beten konnte. Ich suchte nach neuen Gotteserfahrungen. Verlockend war das Gebet dann, wenn ich mich davon auch persönlich angesprochen fühlte.

Später, als ich mich der Ordensgemeinschaft der Steyler Missionare angeschlossen hatte, waren es meine geistlichen Lehrmeister, wie mein Novizenmeister oder Exerzitienbegleiter, die mich zu neuen Formen des Betens einluden. Ihr Versprechen, dass sich der Einsatz lohne, motivierte mich, dafür auch Anstrengung und Opfer nicht zu scheuen. Ich lernte, auf einem Gebetshocker zu sitzen und schweigend zu beten; ich lernte das Körpergebet durch Eutonie und meditativen Tanz; ich lernte das Stundengebet meiner Ordensgemeinschaft. Ich machte regelmäßig geistliche Übungen, die sogenannten „Exerzitien" des hl. Ignatius von Loyola.

Hätte ich dabei nicht wenigstens dann und wann positive Erfahrungen gemacht, hätte ich das intensive Beten sicher genauso aufgegeben wie die Suche nach dem Wiedehopf als Jugendlicher. Bei den verschiedenen Gebetsweisen und Methoden, die ich als junger Ordensmann lernte, machte ich trotzdem immer wieder die Erfahrung, dass man ein gutes Gebet nicht einfach produzieren kann. Berührende Momente in meinem Beten weckten in mir die Sehnsucht nach einer größeren Nähe zu Gott. So machte ich es dann wie bei der Suche nach dem Wiedehopf – ich ging an Orte zurück, an denen ich gute Erfahrungen gemacht hatte, ich versuchte ähnliche Bedingungen herzustellen usw.

Wenngleich das Gebet etwas sehr Persönliches ist, hat es auch mit anderen Menschen zu tun. So wie das Mitteilen meiner Vogelbeobachtung den anderen Hotelgast motivierte, Ausschau zu halten, hat umgekehrt seine Beobachtung mir einen neuen Anstoß gegeben, intensiver nach dem schönen Vogel zu suchen. Beim Gebet ist es ähnlich. Der Austausch mit anderen Gläubigen und die Lektüre spiritueller Bücher motivierten mich, intensiver zu beten.

Ich brauchte lange, um wirklich annehmen zu können, dass es auf meine Leistung beim Gebet nicht ankommt. Ich kann wohl Bedingungen schaffen, die mich empfänglicher machen für das Wirken des Heiligen Geistes. Aber letztlich sind meine Bemühungen nicht entscheidend. So lernte ich das auch bei meinem Urlaubserlebnis. Es war sehr aufschlussreich für mich, wie ich auf die Suche nach dem Wiedehopf ging. Ich verlangsamte den Schritt, ich schaute genau auf die Umgebung. Ich achtete auf jede Veränderung und jede Bewegung und ich hörte genau hin auf Stimmen und Laute. Ich tat das nicht, weil mir jemand sagte, ich müsste das tun, sondern weil meine Sehnsucht nach einer Wiederholung meiner Vogelbeobachtung mich intuitiv dazu brachte, mich so zu verhalten. Doch trotz meiner ausgefeilten Beobachtungstechnik war es jedes Mal völlig überraschend, wenn ich plötzlich ganz in meiner Nähe einen Wiedehopf entdeckte. Faszinierend war für mich auch der Ort, an dem ich dann gleich zwei dieser schönen Vögel beobachten konnte. Ich sah sie auf einem Stück Brachland direkt neben einem stark frequentierten Fußgängerweg. Während ich da stand und die Vögel beobachtete, liefen viele Jogger über den Weg, kamen schwatzende Senioren vorbei, passierten lebhafte Familien die Stelle. Sie sahen mich abseits des Weges stehen, die Vögel sahen sie nicht. Man musste schon ganz genau hinschauen, denn aufgrund ihrer Gefiederfärbung verschmolzen sie fast mit dem Boden, der aus grauen Steinen und rötlicher Erde bestand. „So ist es auch mit Gott!", kam es mir in den Sinn. Er ist uns ganz nahe. Unmittelbar neben unseren Alltagswegen, doch so eins mit seiner Schöpfung, dass wir genau hinschauen und lauschen müssen, um seine Gegenwart zu entdecken. Hinschauen, auf Bewegungen achten, lauschen – genau das ist es, was mich heute leichter ins Beten führt. Aber immer mit dem Bewusstsein, dass ich das, was ich im Gebet ersehne, damit nicht selbst herstellen kann. Wenn ich dann im Gebet wahrnehmen darf, dass Gott mitten auf den Wegen meines Alltagslebens gegenwärtig ist, dann ist das zutiefst beglückend, dann ist es ein Moment großer Schönheit – so wie bei der Beobachtung der schönen Vögel, aber noch viel mehr als das.

Plötzlich zeigte sich der Gesuchte

Ich tausche mich gerne mit anderen Menschen über Erfahrungen mit dem Gebet aus. Solche Gespräche sind allerdings selten. Das persönliche Gebet ist etwas sehr

Intimes. Bei Gesprächen mit Brautpaaren habe ich erlebt, dass die Partner nicht wussten, wie der andere es mit dem Gebet hielt. Selbst in meinem Lebensumfeld in einer katholischen Ordensgemeinschaft wird zwar recht häufig lebhaft über die äußere Form des gemeinsamen Gebetes diskutiert, Gespräche über innere Erfahrungen bleiben aber selten. Eine Frau, die ich zuletzt vor dreißig Jahren bei einer Jugendleiterausbildung getroffen hatte, entdeckte in einer Zeitschrift meines Ordens „zufällig" ein Interview mit mir. Sie schrieb mir einen Brief, dem sie ein paar Fotos von den „guten alten Zeiten" beifügte. In meinem Antwortschreiben gab es einen Satz, der sie spüren ließ, dass sie sich mit mir über ihre Gebetserfahrungen austauschen könnte. So berichtete sie mir, wie sie ganz überraschend einen neuen Zugang zum Gebet fand. Sie hat mir erlaubt, dies mit den Leserinnen und Lesern dieses Buches zu teilen.

„Jedes Jahr an Pfingsten treffe ich mich in einem Kloster in Bayern mit meiner Freundin, um ein paar Tage Zeit miteinander zu verbringen. Letztes Jahr hatte ich dort ein wahres Pfingst-Erlebnis: Beten war nie meine Stärke und ich habe es grob vernachlässigt. Irgendwann bin ich in der Kirche gesessen und habe im Gesangbuch ‚Gotteslob' gelesen. Und dann ist es passiert: Plötzlich, es hat sich angefühlt als schütte jemand ein 600 Liter Regenfass über mich, überkam mich die Erkenntnis, dass Gott mich unsagbar liebt, mit all meinen Fehlern, Sünden und Unzulänglichkeiten! Ich sank auf den Boden und habe geheult, wie ein kleines Kind. Gott sei Dank war sonst niemand in der Kirche. Ich konnte nicht begreifen, was da mit mir geschehen ist (wohlgemerkt – es war Pfingstsonntag!). Seit diesem Tag bin ich nicht mehr dieselbe. Ich habe die Gnade Gottes erhalten und der Heilige Geist hat mich ‚voll erwischt'!" Sie berichtete mir dann, wie sie sich von einem Mönch Hinweise für das Beten erbat. Zuhause fand sie eine Anbetungsgemeinschaft, in der ihre Sehnsucht nach dem Gebet einen für sie passenden Ausdruck finden konnte.

Es muss nicht gleich ein Regenfass von 600 Litern sein. Die wenigsten von uns machen so umwerfende Erfahrungen. Bei manchen ist es einfach nur ein schöner kleiner Vogel, der sie anrührt. Andere erzählten mir von Erlebnissen in der Natur. Ein atemberaubender Sonnenuntergang; der weite Blick über die Berggipfel nach einer anstrengenden Gebirgswanderung; der Gesang der Vögel an einem sonnigen Frühlingsmorgen. Oder der Anblick ihres kleinen Kindes, dem sie beim Spielen zuschauten … Erlebnisse, die sie im Innersten anrührten, sie drängten, irgendjemandem „danke" zu sagen. Wenn Sie auch solche Erfahrungen gemacht haben, möchte ich sagen: Machen Sie es doch einfach. Sagen Sie „danke". Wagen Sie es, an die Wahrheit Ihrer Erfahrung zu glauben. Sonst könnte es passieren, dass Sie einen entscheidenden Moment in Ihrem Leben verpassen. **Denn selbst ganz starke Erfahrungen muss** man **noch deuten.** Man muss es wagen, sie als Botschaft von Gott her zu deuten. Und man muss die Sehnsucht verspüren, ihm darauf eine Antwort zu geben.

Der berühmte Dramatiker Eugène Ionescu (1912–1994) erzählte immer wieder von einer mystischen Erfahrung in seiner Jugend, der er jedoch in seinem Leben nicht folgen konnte. Sie blieb aber als intensive Erinnerung in ihm zurück. Anders als er selbst fand seine Tochter einen Zugang zu Gott. Als alter Mann äußerte Ionescu in einem Interview, er würde gerne in seinem Ich Gott begegnen. Als ihn sein Gesprächspartner fragte, was er ganz konkret da zu finden glaube, antwortete er: „Das ist schwer zu sagen. Ein

Licht, eine Gegenwart. Meine Tochter sieht Gott, wenn sie die byzantinischen Ikonen anschaut. Jesu Augen in den Ikonen. Plötzlich glaubt sie eine Gegenwart zu spüren, und genau das ist Gott. Eine Gegenwart. Diese Erfahrung habe ich selbst gemacht, als ich 18 Jahre alt war. Ich befand mich, diese Geschichte habe ich schon oft erzählt, in einer kleinen Provinzstadt, früh morgens im Juni. Plötzlich wurde das Licht blendend weiß, viel strahlender als die Sonne. Die Wäsche, die zum Trocknen im Hinterhof hing, die arme Bettwäsche sah plötzlich übernatürlich aus. Alles erschien mir unsagbar schön. Und vor allem spürte ich diese Gegenwart, die mich denken und sagen lässt: ‚Nie wieder werde ich Angst vor dem Tod haben. Und wenn ich alt bin, werde ich mich an diesen Augenblick erinnern und keine Angst haben.' Aber das ist jetzt nur noch eine Erinnerung einer Erinnerung einer Erinnerung. Den Augenblick selber gibt es nicht mehr. Diese Gegenwart, dieses mystische Phänomen, das nur einige Augenblicke gedauert hat, löste sich auf, und danach erschien mir die Sonne düster. Solche Erfahrungen sind selten. Voller Licht und Intensität. Genau das bewahrt einen vor dem Sterben, lässt einen hoffen, trotz der Schrecklichkeit der Welt. Manchmal träumt man von einem Tunnel. Am Ende des Tunnels das Licht, und man geht auf das Licht zu. Diesen Traum habe ich Freunden erzählt. Anscheinend ein archetypischer Traum. In den Augenblicken tiefster Verzweiflung taucht dieser Traum auf."[2]

Ionescu stellte sein Jugenderlebnis auf eine Ebene mit seinem späteren archetypischen Traum. Es war eben nur ein Traum, der nicht anhielt. Er wagte es damals nicht, an die Wahrheit seiner Erfahrung zu glauben und die Welt zukünftig in diesem Licht zu sehen. Stattdessen wurde er einer der Hauptvertreter des sogenannten „absurden Theaters". Diese Theaterrichtung beschäftigte sich besonders mit der Orientierungslosigkeit des Menschen in einer Welt ohne Sinn. Doch die Erinnerung an die Erfahrung blieb und – wenn ich seine Interviewaussagen richtig deute – die Sehnsucht nach diesem Licht, nach dem Urheber des Lichts. Das Gebet seiner Tochter scheint diese Sehnsucht immer wieder in ihm wachgerufen zu haben.

Dem Heiligen Geist Raum schaffen

Wenn es stimmt, was Paulus behauptet, dass eigentlich alle nicht richtig beten können und sich deshalb dem Heiligen Geist anvertrauen sollten, der für sie eintritt, dann stellt sich die Frage, worin unser eigener Beitrag beim Beten eigentlich besteht. Geht es vielleicht darum, wie es in einigen östlichen Meditationsrichtungen praktiziert wird, bewusst nichts zu machen? Nichts zu denken, nichts zu fühlen, nichts zu wollen? Viele Menschen machen gute Erfahrungen damit. Ich selbst habe erst nach vielem Üben gemerkt, dass es auch hier auf die innere Haltung ankommt. Auch das Bemühen um die Freiheit von Gedanken und Wünschen kann ein Machen sein. Weil ich mich so sehr bemühte, zum gewünschten Ergebnis zu kommen, war es für mich oft sehr anstrengend, den Sturm der Gedanken zu stillen oder die eigenen Wünsche aufzugeben.

Erst als ich wirklich akzeptierte, dass ich nicht beten kann und auch durch das jahrelange Üben ausgeklügelter Methoden Gott nicht herbeizuzwingen ist, gab es eine Veränderung. Wenn mich heute die Frage überkommt, was ich jetzt eigentlich machen soll in dieser Zeit des Gebetes, sage ich zu mir selbst: „Ich brauche jetzt nichts Besonderes zu denken – auf meine frommen Gedanken kommt es nicht an. Ich brauche aber auch das Denken nicht zu unterbinden. Ich muss auch keine besonderen Gefühle haben, um zu wissen, dass Gott da ist. Aber ich brauche meine Gefühle auch nicht zu unterdrücken, sondern kann alles anschauen, was sich zeigt, ohne daran festzuhalten. Aha. So ist das also. Diese Gedanken zeigen sich. Diese Wünsche und Sehnsüchte melden sich zu Wort. Ich weiß: Ich darf einfach da sein, so wie ich bin. Ich möchte jetzt vor allem eins: meiner Sehnsucht nach Gott Raum geben." Ich bitte darum, empfänglich zu werden für das Wirken des Heiligen Geistes.

In der christlichen Überlieferung wird der Heilige Geist meist mit einem Vogel verglichen. Meine Erfahrung mit dem Wiedehopf war für mich sehr lehrreich. Ich konnte den Vogel nicht herbeizwingen. Ich war davon abhängig, dass er sich zeigte. Das Einzige, was ich tun konnte war: An Orte gehen, wo andere oder ich selbst ihm bereits begegnet sind. Mich bemühen, den Vogel nicht durch mein unruhiges Verhalten zu verscheuchen. Und selbst aufmerksam sein für sein Erscheinen, mit wachen Sinnen seine Gegenwart wahrnehmen, mich an seiner Schönheit erfreuen. Ist es so auch mit dem Heiligen Geist? Mit dem Zulassen seines Betens in uns?

„Nicht müde werden / sondern dem Wunder / leise / wie einem Vogel / die Hand hinhalten", heißt es in einem Gedicht von Hilde Domin (1909–2006). Mir gefällt dieses Bild. Dem Wunder des Heiligen Geistes in mir die Hand hinhalten. Ihm mit meiner Sehnsucht gleichsam etwas Futter geben. Zulassen, dass er sich auf meine Hand setzt. Oder auf die Schulter. Ihn nicht durch meine Unruhe verscheuchen.

Warten und Ausschau halten

Sammlung

Nicht in der Zukunft, in meinen kühnen Plänen,
nicht im Vergangenen, in dem von mir Erreichten,
nicht im Grübeln über das, was ich gerade tue,
nur im Jetzt kann ich dir begegnen.

Du bist da – ganz gegenwärtig.
Du bist hier – an diesem Ort.
Und wo bist du?, höre ich dich fragen.
Ich renne meinen Gedanken nach, muss ich gestehn.

Fang sie ein, sagst du mir lachend.
Doch mach es sanft, ganz ohne Zwang.
Führe sie behutsam in die Mitte.
Schaue einfach ihrer Sammlung zu.

Und mit der Zeit, fast unmerklich,
werden die Gedanken still,
legen sich zur Ruhe, fangen an zu lauschen
und fragen dich, wie es dir geht.

Irgendwo klopft es

Zu dem Priesterseminar der Steyler Missionare in Sankt Augustin im Rheinland gehört ein Parkgelände mit reichem Baumbestand. In den Jahren, in denen ich dort lebte, bin ich häufig in diesem Park spazierengegangen und habe dabei auch immer den Vögeln zugeschaut, wie sie ihre Nester bauten, Futter suchten, sangen und flöteten. Eines Tages sagte ein Student zu mir, er würde ja wirklich gerne einmal einen Specht sehen. Ich war ganz verwundert über seine Aussage, denn es verging kaum ein Tag, an dem ich nicht einen oder mehrere Spechte beobachtete. Mir schien, unser Park war regelrecht voll mit Großen Buntspechten und Grünspechten. Ja, sagte mir der Student auf meine Rückfrage, er höre wohl das Klopfen der Spechte. Aber gesehen habe er noch keinen.

Ich hatte über die Jahre gelernt, genau hinzuschauen. Wenn es irgendwo klopft, weiß ich ziemlich genau, wo ich nach dem Specht Ausschau halten muss. Schon am Klang des Klopfens kann ich erkennen, ob er einen morschen Ast oder einen lebendigen Stamm bearbeitet. Durch meine häufigen Beobachtungen erkenne ich auch sofort den wellenförmigen Flug der Großen Buntspechte. Ich kenne ihr Rufen. Der Grünspecht hält sich oft in Bodennähe auf. Oft habe ich ihn erst bemerkt, wenn er weggeflogen ist. Bei der Futtersuche beobachten konnte ich ihn nur, wenn ich langsam genug ging und darauf achtete, was sich in Bodennähe bewegte. Ging ich dagegen zügig durch den Park, war der Specht stets der Erste, der mich bemerkte, und schon davongeflogen, ehe ich in seine Nähe kam. Nur sein wie ein Lachen klingender Ruf zeigte mir an, dass er mir an diesem Tag entkommen war.

In der Offenbarung des Johannes sagt der auferstandene Herr zu seiner Gemeinde: „Ich stehe vor der Tür und klopfe an. Wer meine Stimme hört und die Tür öffnet, bei dem werde ich eintreten und wir werden Mahl halten, ich mit ihm und er mit mir" (Offb 3,20). Geht es vielen vielleicht so wie dem Studenten? Sie hören das Klopfen, wissen aber nicht, woher es kommt. Wie sollen sie dann dem Herrn die Tür öffnen, damit er ihnen ganz persönlich begegnen kann? Man muss genau hinhören und hinschauen lernen, um zu entdecken, wo die Tür ist, hinter der der Herr steht. Es lohnt sich. Es wartet nicht nur die Entdeckung von etwas Schönem wie der Anblick eines Spechtes, sondern eine Einladung zu einem Festmahl. Ein Vorgeschmack auf das endzeitliche Mahl im Reich Gottes.

Das Bild von der Tür, hinter der Jesus steht und sehnsüchtig auf Einlass wartet, wurde für mich sehr wichtig. Ich begriff, mit wie viel Respekt und Rücksichtnahme Gott unsere Freiheit achtet. Er drängt sich nicht auf. Er hat eine große Sehnsucht danach, mit uns zusammen zu sein. Aber er wartet auf unsere Einladung, auf unser „Herein". Ich begriff, dass meine Aufgabe beim Gebet vor allem darin besteht, ehrlichen Herzens dieses „Herein" zu sprechen und Jesus eine Tür zu meinem Leben zu öffnen. Eigentlich etwas sehr Einfaches. Und doch merkte ich, wie es mir oft wie dem Studenten ging, der es klopfen hörte, aber inmitten der vielen Bäume nicht wusste, wohin er den Blick richten sollte, um den Urheber des Klopfens zu entdecken. Manchmal sage ich darum zu Jesus einfach: „Ich weiß, dass du da bist. Ich weiß aber nicht, wo. Ich entdecke die Tür nicht, hinter der du stehst. Wie kann ich dir dann öffnen? Sei bitte nicht so schüchtern, sei nicht so rücksichtsvoll, komm einfach herein!" Ich denke dann an die Erzählungen, wie die ersten

Jüngerinnen und Jünger dem Auferstandenen begegnet sind. Immer wieder hatten sie aus Angst ihre Türen und Fenster fest verschlossen. Doch Jesus kam einfach so und trat in ihre Mitte. Es ist also möglich. Aber für gewöhnlich scheint er darauf zu warten, dass wir „Herein!" rufen.

Auf den Herrn warten

Jesus hat nicht wie ein Theologieprofessor gelehrte Vorträge über Gott gehalten. Am liebsten erzählte er den Leuten kleine Geschichten mitten aus dem Leben, die eine tiefere Botschaft in sich trugen. Wer wie Jesus in Gleichnissen lehrt, muss viel Vertrauen in seine Zuhörer haben. Er muss darauf vertrauen, dass sie fähig sind, selbst den tieferen Sinn der Geschichte zu erkennen und auf ihr eigenes Leben zu beziehen. Jesus war ein guter Lehrer. Die moderne Lernforschung hat aufgezeigt, dass ein selbst entdecktes Wissen viel leichter gemerkt und in die Praxis umgesetzt werden kann als etwas, was man nur von einem Experten gehört hat. Schade, dass die Kirche so wenig Vertrauen in die Gläubigen hat. Dass sie meint, sie müsse alles in Dogmen und Katechismussätzen auf den Punkt bringen. Die Kirche sehnt sich nach Eindeutigkeit. Dabei stand an ihrem Ursprung der Pluralismus: Die vieldeutigen Gleichnisse Jesu und die Überlieferung in vier Evangelien, die einander ähnlich sind, aber doch nicht gleich.

In einem seiner Gleichnisse vergleicht Jesus seine Jünger mit Knechten, die auf die Rückkehr ihres Herrn warten (vgl. Lk 12,35–48). Der Herr ist auf einer Hochzeitsfeier – sehr lange kann es also nicht dauern, bis er zurückkehrt. Und doch gibt es Knechte, die meinen, er komme sicher nicht so bald zurück. Ihre Aufgabe bestünde eigentlich darin, den anderen Dienern des Herrn zur rechten Zeit das zu geben, was sie zum Leben nötig haben. Doch kaum ist der Chef aus dem Haus, fangen sie an, es sich so richtig gut gehen zu lassen. Sie essen und trinken und werden sogar gewalttätig gegenüber den anderen Knechten und Mägden. Es gibt aber auch Diener, die sich anders verhalten. Jesus stellt sie uns als Vorbild vor. Sie warten, ohne auf die Uhr zu schauen, auf die Rückkehr des Herrn. Und wenn sie ihn dann klopfen hören, springen sie voller Freude auf, um ihm die Tür zu öffnen. So wie Jesus das Verhalten dieser Knechte beschreibt, ist für sie der Herr nicht ein Arbeitge- ber oder gar Sklavenhalter, zu dem sie keine persönliche Beziehung haben. Sie scheinen ihn vielmehr richtig gern zu haben. Sie warten voll Sehnsucht auf seine Rückkehr und bleiben solange wach, bis er endlich wieder bei ihnen ist, selbst wenn er erst mitten in der Nacht wiederkommen sollte. Jesus beglückwünscht alle, die sich so verhalten. Er sagt, der Herr würde das sicher spüren, wie sehnsüchtig sie auf ihn gewartet hätten. In seiner Freude würde er dann einfach die Rollen vertauschen: „Er wird sich gürten, sie am Tisch Platz nehmen lassen und sie der Reihe nach be- dienen" (Lk 12,37). Stellen Sie sich das einmal vor!

So verstehe ich meine Aufgabe als Beter. Ich warte darauf, dass der Herr meines Lebens in einer für mich spürbaren Weise erscheint. Ich warte nicht auf einen, vor dem ich Angst haben müsste. Er ist zwar der Chef, da gibt es keinen Zweifel. Aber er ist mir der Liebste, den ich kenne. Viel- leicht kommt das daher, weil er immer wieder so verrückte Sachen macht. Weil er sich überhaupt nicht wie ein Herr verhält. Wenn er spürt, dass er ehrlich geliebt wird, dann macht er sich selbst zum Diener. Er vertauscht die Rollen.

Obwohl ich ihm natürlich anbiete, ihm jeden Wunsch von den Lippen abzulesen und meine Bereitschaft erkläre, mich so richtig für ihn ins Zeug zu legen, sagt er nur: „Komm, setz dich einfach mal hin. Du hast so lange auf mich gewartet. Du musst doch müde sein. Komm, ich gebe dir etwas, was dich stärkt. Was dir Freude macht. Ich wünsche mir, dass in dir die gleiche Freude ist, die ich gerade auf der Hochzeitsfeier erlebt habe, von der ich zurückgekommen bin."

Warten – das ist die Methode

Was macht man, wenn man warten muss? Ich habe keine natürliche Begabung zum Warten. Ich kann sehr ungeduldig werden, wenn ich mit dem Auto vor einer roten Ampel stehe und das Gefühl in mir aufkommt, sie springt niemals mehr um auf Grün. Oder wenn ich an einer Supermarktkasse warten muss, vor mir eine Schlange von Menschen und über die Köpfe der anderen hinweg sehe ich, wie die Person, die ganz vorne ist, alle Cent-Stückchen in ihrem Geldbeutel zusammensucht, um passend zu zahlen, und das einfach nicht hinbekommt. Andererseits habe ich viele Stunden auf Flughäfen gewartet, ohne dass mir das besonders schwer fiel. Ich wusste ja, dass ich nur eine begrenzte Zeit würde warten müssen. Ich war schon eingecheckt, hatte meine Bording-Card und war mir sicher, dass irgendwann der Aufruf zum Einsteigen kommen würde.

Wie wartet man im Gebet auf den Herrn? Wäre es nicht spätestens jetzt an der Zeit, in diesem Buch ein paar Gebetsmethoden vorzustellen? Es gibt viele Bücher, in denen solche Methoden beschrieben werden. Ich habe einige davon erlernt und greife auch immer wieder darauf zurück, wenn ich betend warte. Wahrnehmung des eigenen Körpers und des Atems, Sammeln der Gedanken durch Wiederholung eines Gebetswortes usw. Ich greife auf erlernte Methoden zurück, wenn mir das Warten besonders schwerfällt. Aber ich versuche, die Methode bald wieder loszulassen. Denn ich weiß: Das Entscheidende ist nicht, dass ich etwas mache. Es ist viel wichtiger, dass ich empfänglich werde. Dass ich das Klopfen nicht überhöre und dem Herrn öffne, wenn er eintreten will, um mit mir Mahl zu halten.

Meine Gedanken gehen zwei Jahrzehnte zurück. Ich bin in einem kleinen Weiler in den Bergen bei Waslala im Norden von Nicaragua. Seit ein paar Tagen sind wir mit einer kleinen Gruppe junger Leute unterwegs zur Volksmission. Wir wandern von Siedlung zu Siedlung und bleiben für jeweils einen Tag bei den Leuten, um mit ihnen zu beten, die Bibel zu lesen und über das Leben zu plaudern. Man hatte uns vor dem Losgehen gewarnt und gebeten, vorsichtig zu sein. In diesem Gebiet haben sich jahrzehntelang die Guerilla-Kämpfer von Sandinisten und Contras versteckt. Der Bürgerkrieg ist schon mehrere Jahre vorbei, aber immer noch leben dort versprengte Kämpfer, vor denen wir uns in Acht nehmen sollten. Irgendwie haben wir diese Warnungen bald beiseitegeschoben. Wir sind jung, uns kann nicht viel passieren.

Es ist vier Uhr morgens. Ich liege in meiner Hängematte und werde wach von einem rhythmischen Klopfgeräusch. An Schlafen ist nicht mehr zu denken. Ich würde gerne aufstehen und mich waschen. Aber ich weiß, dass der Bach mehrere hundert Meter entfernt von der Siedlung ist. Gestern haben wir uns dort nach der Ankunft waschen können. Jetzt im Dunkeln würde ich den Weg vielleicht nicht wiederfinden. Und mehr als vor der Begegnung mit einem Guerillakämpfer ängstige ich mich davor, im Dunkeln auf eine Schlange oder einen Skorpion zu treten. So kann ich nur liegen bleiben und warten. Immer noch höre ich das rhythmische Klopfen. Es kommt von den Frauen, die mit ihren Händen den Maisteig kneten und ihn dann zu dünnen Fladen klopfen. Ich weiß, sie bereiten das Frühstück für uns vor. Der Gedanke daran lässt die Sehnsucht nach einem Kaffee in mir aufsteigen. Doch ich kann nichts machen. Ich muss warten, bis man uns ruft. Als es langsam hell wird, stehe ich doch auf und gehe zu dem Haus, aus dem das Klopfen zu hören war. Ich rieche den Geruch von Maistortilla und Gallo pinto, Reis mit Bohnen, das tägliche Brot der Bauern. Es dauert nicht mehr lange und man bittet mich zu Tisch.

Warten, ohne zu wissen wie lange. Doch es gibt kleine Zeichen, die Hoffnung aufkommen lassen, und das Vertrauen in meine Gastgeber. Irgendwann kommt der Moment, da bittet man mich zu Tisch. Durch meine Unruhe kann ich diesen Moment nicht beschleunigen. Ich kann nur warten und vertrauen. Im Dunkeln herumzulaufen wäre zu gefährlich. Doch wenn es heller wird, darf ich es wagen und von mir aus in die Richtung gehen, aus der ein Klopfen zu hören ist. Ich werde schon erwartet. „Wie schön, dass du da bist. Komm mit zu Tisch."

Auf die Sehnsucht kommt es an

Der berühmte Kirchenvater Augustinus, der von 354 bis 430 lebte, war nicht nur ein großer Theologe, sondern auch ein bedeutender spiritueller Lehrer. In mehreren Briefen und Predigten hat er seine Erfahrungen mit dem Gebet weitergegeben. Sehr wertvoll sind seine Briefe an die römische Adlige Anicia Faltonia Proba. Sie hatte Augustinus um eine Erklärung eines Bibelwortes gebeten, das sie unruhig machte. Der Apostel Paulus hatte den Christen in Thessalonich geraten: „Betet ohne Unterlass!" (1 Thess 5,17). Ist das nicht unmöglich?

Augustinus beginnt nicht mit hochtrabenden theologischen Erklärungen, sondern stellt erst einmal fest, welches Bedürfnis die Menschen zum Beten bringt. Er ist überzeugt: „Jedermann, welchen Standes auch immer, möchte glücklich sein."[3] Die Sehnsucht nach Glück ist der Motor für viele unserer Verhaltensweisen. Ruhelos sind wir auf der Suche nach dem wahren Glück. Augustinus ist überzeugt, dass unsere Sehnsucht letztlich nur von Gott gestillt werden kann. Beim Gebet ginge es deshalb vor allem darum, diese Sehnsucht wahrzunehmen und lebendig zu erhalten. Augustinus schreibt: „Dein Verlangen ist dein Gebet. Und wenn ständig Sehnsucht da ist, ist auch ständig Gebet da. Nicht umsonst sagt der Apostel: ‚Betet ohne Unterlass' (1 Thess 5,17). Können wir aber unaufhörlich die Knie beugen, uns auf dem Boden hinstrecken oder die Hände erheben? Nein! Wenn wir auf diese Weise beten sollten, ist es meiner Meinung nach unmöglich, unaufhörlich zu beten. Es gibt jedoch ein inneres Beten ohne Unterlass, und dies heißt Verlangen. Was immer du anderes tust: ersehnst du jenen Sabbat, so brichst du das Beten nicht ab. Willst du das Beten nicht unterbrechen, so unterbrich die Sehnsucht nicht. Deine ständige Sehnsucht ist deine ständige Stimme. Wenn du zu lieben aufhörst, wirst du schweigen (...). Nur die Kälte der Liebe ist das Schweigen des Herzens. Das Lodern der Liebe kommt dem Rufen des Herzens gleich. Wenn die Liebe immer da ist, rufst du immer. Wenn du immer rufst, sehnst du dich immer. Wenn du dich sehnst, bist du der Ruhe eingedenk."[4]

Wie entsteht diese Sehnsucht? Was bringt uns dazu, sehnsüchtig zu seufzen? Ich bin überzeugt, dass Sehnsucht ein anderes Wort für das Seufzen des Heiligen Geistes in uns ist, von dem Paulus der Gemeinde in Rom erzählt hat. Wir kennen auch andere Sehnsüchte. Manche werden durch die Werbung geweckt, manche durch unsere Umwelt. Wenn ich mich auf das Beten einlasse, dann entscheide ich mich für die einzige Sehnsucht, die es wert ist, mit aller Leidenschaft (Leiden eingeschlossen!) in uns lebendig zu sein.

Diese Sehnsucht in uns macht empfänglich für Gottes Wirken, davon ist Augustinus überzeugt: „Unser ganzes Leben ist eine Übung in Sehnsucht. Aber nur in dem Maß, wie wir unsere Sehnsucht von der Liebe zur Welt freimachen, üben wir uns in heiliger Sehnsucht. (…) Weil ihr jetzt noch nicht sehen könnt, soll Sehnsucht eure Aufgabe sein. Das ganze Leben eines echten Christen besteht in heiliger Sehnsucht. Was du ersehnst, siehst du noch nicht. Aber die Sehnsucht schafft eine Empfänglichkeit in dir … (…) Durch diese Sehnsucht macht Gott unser Herz größer und dadurch, dass es größer wird, macht er es empfänglicher."[5]

Und an anderer Stelle macht Augustinus sehr schön deutlich, wie er sich das mit der Empfänglichkeit bildhaft vorstellt: „Das ganze Leben eines Christen, der ein brennendes Herz hat, ist voll von heiliger Sehnsucht. Denn wenn du in heiliger Sehnsucht lebst, wirst du dich erfüllen lassen können von dem, was du ersehnst, aber jetzt noch nicht siehst, nämlich dann, wenn die Zeit der Vision für dich kommen wird. Wenn du ein Gefäß füllen musst und weißt, dass es sehr, sehr viel ist, was dir gegeben wird, wirst du versuchen die Kapazität des Sackes, des Schlauches oder irgendeines entsprechenden Behältnisses zu vergrößern. Indem du es ausdehnst, kann es mehr aufnehmen. In gleicher Weise verhält sich Gott. Versuchen wir also in einem Klima der Sehnsucht zu leben, weil wir angefüllt werden müssen."[6]

Demokratischer Gott,
jeden Tag neu
stellst du dich zur Wahl.

Bietest dich als König an,
erbittest dir das Recht zu dienen,
willst Leben schenken deiner Welt.

Dein Reich kommt nicht von oben her,
von unten will es wachsen,
mitten, zwischen, unter uns.

Wehrlos, zart und leise
wirbst du um das Ja von mir
in unendlich schweigender Geduld.

In eine bestimmte Richtung spüren

Sehnsucht – viele kennen sie aus Zeiten des Verliebtseins. Die Sehnsucht ist dann besonders stark spürbar, wenn die geliebte Person abwesend oder nicht erreichbar ist. Mit einem Foto in der Hand sehnt man sich nach ihrer Nähe. Man kann diese Nähe nicht herstellen. Aber durch das sehnsüchtige Hinspüren fühlt man sich der geliebten Person in Gedanken verbunden.

Hinspüren in die Richtung von Gott. Das habe ich auch durch Körperwahrnehmungsübungen gelernt. Es gibt dafür verschiedene Schulen und Lehrmethoden. Lange Zeit habe ich solche Übungen einfach als Anleitung verstanden, eine größere Empfindsamkeit für meinen eigenen Körper zu gewinnen. Das ist sicher auch sehr sinnvoll. Denn wir sind Menschen mit Leib und Seele, und wenn wir beten, sollten wir uns als ganze Menschen auf Gott hin ausrichten.

Wie das meiste in meinem Leben habe ich bei Exerzitien auch die Übungen für die Körperwahrnehmung sehr ernst genommen. Wenn ich aber aufgefordert wurde, mich in meine Sitzhöcker, das Kreuzbein oder das Iliosakralgelenk einzuspüren, ist mir das nicht immer leicht gefallen. Es wurde uns zwar gesagt, es wäre nicht schlimm, wenn wir das genannte Körperteil nicht wahrnehmen könnten, aber ich habe mich trotzdem bemüht. Ich empfand es als sehr entlastend, als ich die Aufforderung annehmen konnte, einfach nur „in die Richtung" eines Körperteils zu spüren und dabei wahrzunehmen, was sich zeigt. Plötzlich wurde alles ganz leicht. Vom Gesäß her spüre ich in Richtung der Oberschenkel. Von den Oberschenkeln in Richtung der Knie. Von den Knien in Richtung der Unterschenkel usw. Es kommt nicht darauf an, dass ich ein bestimmtes Körperteil bewusst wahrnehme. Ich spüre in diese Richtung und nehme wahr, was sich zeigt, ohne es zu bewerten und ohne das, was sich zeigt, verändern zu wollen.

Solche Übungen wurden für mich zu einer Schule für das Gebet. Ich muss Gott nicht spüren in meinem Beten. Ich spüre einfach hin in seine Richtung. Ich sehne mich hin zu ihm und nehme wahr, was sich zeigt. Ich löse mich von meinen Vorstellungen, wer Gott ist und wie er sich zeigen müsste. Ich versuche, mein sehnendes Beten nicht zu bewerten. „Da tut sich ja gar nichts!" „Gott bleibt ja immer stumm. Nie bekomme ich eine Antwort." Solche Feststellungen führen zu Blockaden. Stattdessen spüre ich einfach in seine Richtung und nehme achtsam und staunend wahr, was sich zeigt.

Wenn ich Liebeskummer hatte und mit dem Bild der geliebten Person zu ihr hinspürte, wusste ich immer: Das hilft doch nichts. Ich kann sie nicht herbeizaubern. Ich bleibe heute Abend allein. Das tat weh. Das schmerzte. Ich konnte das Bild nicht einfach beiseitelegen. Dazu war die Sehnsucht zu groß. Aber ich wusste: Das Anschauen des Bildes macht den Kummer nur noch größer.

Im Gebet ist das anders. Ich spüre hin zu Gott. Ich weiß, dass ich ihn nicht herbeizaubern kann. Ich versuche das auch nicht mehr. Ich muss nichts spüren. Aber ich bitte den Heiligen Geist um Hilfe. Und indem ich meiner Sehnsucht Raum gebe, darf ich immer wieder erfahren: Es stimmt. Gott ist da. Oft merke ich das nicht während des Gebets. Es zeigt sich in der Rückschau. Oder es wird mir offenbar, weil ich erlebe, welche Auswirkungen das Gebet in meinem Leben hat. An den Früchten erkennt man die Qualität des Baumes, der sie hervorbrachte.

Was ich von Hirten und Sterndeutern lernte

(Eine Meditation der Weihnachtserzählungen:
Lk 2,8–20; Mt 2,1–12)

Sehen
Über nichts einfach hinwegschauen,
den Blickwinkel weiten,
tiefer blicken,
die Wahrnehmung schulen
für Veränderungen,
auch die kleinsten.

Hören,
nichts einfach ausblenden,
empfänglich werden
für jeden Ton,
achtsam und wach,
auch für Leises.

Spiegel sein,
der Lichtvolles einfängt.
Resonanzkörper sein
mit vollem Klang.

Freudentöne
sichtbar machen,
Jubelfarben
hautnah spüren.

Und loslassen können,
nach Hause gehen.
Dass es dich gibt,
das ist schon genug.

Und wozu das alles?

Was habe ich davon?

Viele Menschen wenden sich an Gott, weil sie etwas von ihm wollen. Es gibt etwas in ihrem Leben, was sie als negativ erfahren, und sie erhoffen sich von Gott eine positive Veränderung. Viele sind enttäuscht, wenn diese Veränderung nicht eintritt. Manche Menschen geben wegen dieser Enttäuschung das Beten ganz auf. In meiner Jugend war die Kölner Rockgruppe BAP sehr populär. In einem ihrer Lieder lautet der Refrain: „Wenn et Bedde sich lohne däät, wat meinste wohl, wat ich dann bedde däät, bedde däät." Und in der letzten Strophe macht der Texter Wolfgang Niedecken deutlich, wie er das mit dem Beten sieht: „Gott, wäre Beten bloß nicht so sinnlos …"

Was bringt es zu beten? Fragen wir erst einmal umgekehrt. Muss man beten, damit das Leben gelingt? In Deutschland haben wir einen lebendigen Gegenbeweis. Im Osten des Landes gehören etwa 75 Prozent der Bevölkerung keiner Konfession an. Die meisten von ihnen sagen: „Ich glaub nichts – mir fehlt auch nichts!" Und nüchtern betrachtet haben sie doch Recht. Den ungläubigen Deutschen geht es nicht schlechter als den gläubigen. Es gibt genug Nichtglaubende, die bis ins hohe Alter von Krankheiten verschont bleiben, und umgekehrt gibt es viele engagierte Beter, die schwer zu leiden haben.

Ja, so ist es. Und das hat – das ist meine gläubige Sicht – mit Gott zu tun. Der Gott, von dem Jesus sagt, dass er alle seine Geschöpfe liebt. Der seine Zuwendung nicht davon abhängig macht, ob man ihn anerkennt, wertschätzt oder gar liebt. Jesus verweist uns auf die Schöpfung. „Gott lässt seine Sonne aufgehen über Bösen und Guten, und er lässt regnen über Gerechte und Ungerechte" (Mt 5,48). Gott gibt all seinen Geschöpfen, was sie zum Leben brauchen. Auch wer nicht glaubt, bekommt das. Es wird ihm auch nicht von Gott vorenthalten als Strafe für schlechtes Verhalten oder Nachlässigkeit im Beten.

Auch bei den dunklen Seiten des Lebens gibt es keinen Unterschied zwischen Glaubenden und Nichtglaubenden. Das, was die meisten Menschen als schlecht bewerten, z.B. Krankheiten, betrifft alle, ob sie sich nun gut oder schlecht verhalten haben. Das irdische Leben ist für alle begrenzt. Schwächer werden, krank werden, sterben – das gehört zum menschlichen Leben dazu. Ich kann auch nicht sagen, warum manche Menschen dies schon in frühester Jugend erleben müssen. Ich kann auch nicht erklären, warum es Menschen gibt, die bis ins hohe Alter eine blendende Gesundheit haben, und andere, bei denen der natürliche Lebens- und Sterbensprozess früh einsetzt und mit großem Leid verbunden ist. Aber was ich weiß, ist: Wir alle erleben das auf die eine oder andere Weise. Und ich bin überzeugt: Das Gebet ist kein Weg, um das einfach zu verändern. Und was ist dann mit den Heilungswundern, werden Sie vielleicht fragen. Ja. Es gibt manche Menschen, die auf unerklärliche Weise von einer Krankheit geheilt wurden und die überzeugt davon sind, dass Gott die Ursache ihrer Heilung ist. Ich würde das nie jemandem auszureden versuchen. Vielleicht ist es so. Ich traue das Gott durchaus zu. Aber es gibt keine Gebetsmethode, durch die ich sicherstellen könnte, Heilung zu erfahren. Gott ist doch kein Automat, der mir, wenn ich den geforderten Betrag einwerfe, das gewünschte Produkt zukommen lässt. An den großen Wallfahrtsorten sind es unter Millionen von Pilgern nur eine Handvoll Menschen, die von einer Gebetserhörung berichten. Der Ehrlichkeit halber sollte man zudem beachten, dass es Spontanheilungen auch bei Nichtglaubenden gibt. Und dass alle, die geheilt wurden, trotzdem irgendwann sterben müssen.

Was bringt also der Glaube? Was bringt es zu beten? Ebenso, wie ich mir heute eingestehe, nicht beten zu können, gehe ich von dem Grundsatz aus: Beten bringt im Hinblick auf die Lösung von Lebensproblemen erst einmal gar nichts. Und das ist auch gut so. Wenn du nur beten willst, um dir irgendwelche Vorteile zu verschaffen, lass es besser. Ich finde, dann nimmt man Gott nicht ernst. Gebet sollte ein Ausdruck der Liebe sein. Echte Liebe fragt nicht, was man davon hat. Aber wer sich als geliebt erfährt, spürt, dass er überreich beschenkt wird. Liebe bringt nicht „etwas", Liebe schenkt uns alles. Selbst wenn ich an einer schlimmen Krankheit leide, kann ich darum als geliebter Mensch glücklicher sein als jemand, dem äußerlich gar nichts fehlt.

Hat das Bittgebet dann gar keinen Sinn? Für mich schon. Ich trage vor Gott auch meine Probleme und das Leid meiner Freunde und Bekannten und all der Menschen, die ich als Seelsorger begleiten darf. Aber ich tue es zunächst, wie Ehepartner einander von ihren Freuden und Leiden erzählen. Es ist mir ein Bedürfnis, Gott an allem Anteil zu geben, was mich bewegt, an Freude und Leid. Im Vordergrund steht bei mir aber nicht mehr die Erwartung, dass Gott diese Probleme so lösen wird, wie ich mir das in meiner begrenzten Vorstellungskraft ausgedacht habe. Wenn ich Bittgebet halte, dann übergebe ich meine Sorgen an Gott im Wissen, dass sie dort gut aufgehoben sind. Das geht auch gut ohne Worte. Ich zünde eine Kerze an und stelle mit dieser einen lieben Menschen vor Gott. Ich kann diesen Menschen ihm anvertrauen, wenn ich dann hinaus zu meinen Alltagsbeschäftigungen gehe.

Ich bete, weil ich Gott liebe – oder wenigstens die Sehnsucht habe, ihn lieben zu können. Und ich bitte ihn darum, alles zum Guten zu führen. Ich bin fest davon überzeugt, dass er das auch will. Und dass er besser weiß, wie das geht, als ich selbst. Vielleicht besteht das Gute in der Heilung von einer Krankheit, vielleicht aber auch nicht. Ist denn nur gesundes Leben wertvoll? Kann nicht auch ein als „behindert" geltender Mensch glücklich werden?

Mein Beten endet auch nicht damit, dass ich Gott von dem erzähle, was mich bedrückt, was ich nicht verstehen kann, womit ich hadere. Ich frage ihn auch: „Und was bedrückt dich? Was geht dir zu Herzen?" Und dann höre ich in mir – ohne menschliche Worte – von so vielem, woran ich etwas ändern könnte. Die ungerechten Verhältnisse auf dieser Welt, wo es einigen Menschen sehr gut geht und viele Menschen nicht einmal das Nötigste zum Leben haben. Das Leiden der Menschen vor meiner Haustür – die vereinsamten alten Menschen im benachbarten Seniorenheim; die Obdachlosen, die mir in der Fußgängerzone begegnen. Die von manchen Nöten geplagten Menschen, die in die „Autobahn- und Radwegekirche" kommen, an der ich als Seelsorger tätig sein darf. Und ich begreife: Es wäre ungerecht, Gott anzuklagen für das Leiden von Menschen und selbst überhaupt nichts gegen das Leiden zu tun, das ich vermindern könnte.

Hat Gott etwas davon, dass ich bete?

Braucht Gott mein Gebet? Gegenüber der legalistischen Haltung der führenden Frommen seiner Zeit hat Jesus immer wieder an die Worte einiger Propheten erinnert: Barmherzigkeit will Gott, nicht Opfer. Gerechtigkeit, nicht Schlacht- und Brandopfer (vgl. Jes 1,10–17; Hos 6,6; Mt 9,13). Gebetsleistungen haben in sich noch keinen Wert. Sie sind sinnvoll, wenn sie dabei helfen, eine innere Haltung sichtbar und damit auch für einen selbst begreifbar zu machen.

Hat Gott etwas davon, dass ich ihm die Psalmen aus der Bibel vorlese? Braucht Gott meinen Verzicht in der Fastenzeit? Erwartet er von mir Gebetsleistungen? Im römischen Messbuch, nach dem ich mich als Priester bei der Eucharistiefeier richten soll, begegnen mir ständig Gebete, in denen Gott gebeten wird, uns dabei zu helfen, solche Gebetsleistungen zu vollbringen. Auf die Bitte kommt dann immer der Zusatz „damit wir das ewige Erbe erlangen" oder „damit wir einst den ewigen Lohn empfangen". Ich finde, dass solche Gebete uns ein verzerrtes Gottesbild vermitteln können von einem Gott, dem man für seine Liebe eine Gegenleistung erbringen muss. Bei dem man nie sicher sein kann, ob man auch wirklich genug geleistet hat. Der Gott, von dem Jesus erzählt hat, ist ein anderer.

Braucht Gott meine Gebete und religiösen Übungen? Wenn jemand das alles braucht, dann bin ich es. Gott braucht nicht meine Gebete. Aber er braucht doch etwas von mir: mich selbst. Der Gott, an den ich glaube, ist kein „gnädiger" Gott. Nicht gnädig in dem Sinn, dass er gut ohne mich auskäme, mir aber aus lauter Großherzigkeit (oder genervt von meinen vielen Bittgebeten) von oben herab gnädig die eine oder andere Gunst erweist. Ich glaube an einen Gott, der Liebe ist, wie es im ersten Johannesbrief heißt (vgl. 1 Joh 4,16). Wer liebt, hat nicht nur etwas zu geben, sondern ist selbst bedürftig. Die Liebe ist gleichsam die schwache Seite des allmächtigen Gottes. Weil Gott Liebe ist, will er sich nicht nur mitteilen, sich verschenken, sondern sehnt sich auch danach, geliebt zu werden. Gott braucht meine Liebe. Er wünscht sich darum Gebete, die eine Liebesbotschaft an ihn sind. Letztlich kommt es darum weder auf die Worte noch die äußere Form, noch die Dauer des Gebetes an. Entscheidend ist, ob das Gebet ehrlich zum Ausdruck bringt: „Du, Gott, ich hab dich lieb." Oder zumindest: „Ich weiß nicht, ob ich dich wirklich liebe, aber ich würde dich gerne lieben. Ich kann dir aufrichtig sagen: Ich brauche dich. Nicht, damit du mir irgendwelche Vorteile in diesem Leben verschaffst. Du hast mir bereits alles gegeben, was ich wirklich brauche. Du gibst mir immer wieder neu den Lebensatem, ohne den ich nicht leben könnte. Ich brauche keine weiteren Gunsterweise. Ich brauche dich. Weil du es bist."

Reine Liebe

Ich war zu Besuch bei meinen Mitbrüdern in Berlin. Nicht weit entfernt vom Olympiastadion haben die Steyler Missionare eine Niederlassung. In direkter Nachbarschaft ist das Kloster der Steyler Anbetungsschwestern, im Volksmund wegen der Farbe ihres Ordensgewands auch „Rosa Schwestern" genannt. Ihr eigentlicher Ordensname lautet: „Dienerinnen des Heiligen Geistes von der Ewigen Anbetung". Sie sehen ihre Hauptaufgabe im Dienst des Gebetes.

Neben den im aktiven Missionsdienst tätigen Orden der Männer und Frauen gründete der Heilige Arnold Janssen (1837–1909) ihre Gemeinschaft als „Missionarinnen auf den Knien".

Ich setzte mich hinten in die Kirche, um zu beten. Vor dem Altar, auf dem die Monstranz mit dem eucharistischen Brot stand, saß eine alte Schwester im Rollstuhl und betete. Die meisten deutschen Schwestern sind inzwischen alte Frauen. Wenn sie nicht die Unterstützung durch junge Mitschwestern aus Asien und Lateinamerika hätten, könnten sie ihr Ordensleben hier nicht aufrechterhalten. Ich betrachtete die alte Schwester und sah, wie sie krumm und schief in ihrem Rollstuhl hing. Wie lange mag sie schon dem Orden angehören? Fünfzig oder gar sechzig Jahre? Ein Leben lang nur beten. Kann man so glücklich werden? Kann so Leben gelingen? Ich fühlte mich herausgefordert durch das Vorbild der alten Schwester. Ich behaupte, dass mir das Gebet wichtig sei. Aber steht es wirklich an erster Stelle in meinem Leben? Aber soll es das überhaupt? Ist das nicht eine Überforderung?

Ich fand keine Antwort auf meine Fragen. Als die alte Schwester von einer mindestens ebenso alten Mitschwester abgelöst wurde, die, gestützt auf eine Krücke, in die Kirche hereingewackelt kam, verließ ich den Gottesdienstraum. Vor der Kirche fiel mein Blick auf einen grauen Stromkasten. Mit schwarzer Farbe hatte jemand etwas darauf gesprüht. Noch eine von diesen vielen Schmierereien, die einem in der Großstadt auf Schritt und Tritt begegnen, ging es mir durch den Kopf. Ich schaute nur kurz hin und blieb verdutzt stehen. Was stand da? „Reine Liebe" hatte jemand gesprüht. Nur das. „Danke Herr, ich habe verstanden. So ist das also mit dem Gebet der alten Schwestern."

Dein Wort bringt mich ins Leben

Ich will, dass du bist.
Das war das Wort,
mit dem DU mich ins Leben schufst.

Es verging sehr lange Zeit,
bis ich genauer hören lernte,
was ewiglich DU weiter sprichst.

Ich will, dass du du bist,
hörte ich DICH endlich sagen.
Und mit diesem Wort war alles neu.

Das Leben hat von vorn begonnen,
als mich DEIN Wort erreichte
mitten in dem wunden Herz.

Hör auf, den andern nachzulaufen.
Reiß ab die Masken, die dich so entstellen.
Sei einfach du, das wünsche ich mir.

Erst jetzt kann ich Geliebter zu DIR sagen.
Erst jetzt beginne ich zu glauben
das Jawort, das ich einst DIR gab.

Ich will nicht nur,
dass DU bist
wie eine x-beliebige Gotteskraft.

Ich will, dass DU DU bist,
Jeschua – Immanuel,
DU menschgewordenes Liebeswort.

Weil DU es bist, will ich DIR folgen.
Und weil DU DU bist,
bin ich ich.

Der schwache Gott

Sich schwach zeigen dürfen

Es gibt Worte, die mich einfach nicht loslassen. Über die denke ich immer wieder nach – manchmal jahrelang. Zu solchen Worten gehört auch eine Sentenz des deutschen Philosophen Theodor W. Adorno: „Geliebt wirst du einzig, wo du schwach dich zeigen darfst, ohne Stärke zu provozieren."[7]

Beten ist für mich eine Begegnung mit einem Gott, der Liebe ist. Vor diesem Gott kann ich mich schwach zeigen. Ich muss keine Rolle spielen, nichts verbergen, nichts beschönigen. Ich weiß, es gibt nichts, weswegen er mir seine Liebe entziehen würde. Er findet sicher nicht alles gut, was ich so mache oder denke. Aber er kennt mich und liebt mich als der, der ich bin. Seine Liebe zu mir macht mir Mut, ehrlich zu mir selbst zu sein. Und aufrichtig ihm gegenüber. Ich bitte ihn immer wieder um Korrektur. Ich habe keine Angst vor Bestrafung, ich sehne mich nach seiner Liebe, die mich frei macht von Ängsten, Egoismus und Lieblosigkeit.

Im Umgang mit Menschen verhalte ich mich anders. Da kann ich mir nie ganz sicher sein, wie mich mein Gegenüber sieht. Ich ertappe mich immer wieder bei diplomatischem Verhalten. Wenn ich ganz ehrlich sage, was ich denke, werden mich die Leute dann verstehen? Oder werden sie mich ablehnen? Oder wenn ich ganz ehrlich meine Schwäche zeigen würde, wird man mich dann noch ernst nehmen? Bei Gott habe ich diese Sorgen nicht. Ich weiß, dass ich bei ihm ganz ich selbst sein darf, auch mit meinen schwachen und dunklen Seiten.

Gott ist Liebe. Er möchte auch geliebt werden. Ist es deshalb, dass er sich als schwacher Gott offenbart hat? Als Gott, der nicht dazu taugt, Kriege zu gewinnen, wie es das Volk Israel immer wieder erleben musste? „Du ziehst ja nicht aus, o Gott, mit unsern Heeren" (Ps 108,12), mussten sie erkennen. „Zeig dich als starker Gott!", flehten sie zu ihm: „Bring uns doch Hilfe im Kampf mit dem Feind! Denn die Hilfe von Menschen ist nutzlos" (Ps 108,13). Doch Israel erfuhr einen Gott, der es zuließ, dass sein Name und seine Ehre geschmäht wurden. Ein Gott, der nicht eingriff, als der Ort seiner Gegenwart, der großartige Tempel, dem Erdboden gleichgemacht wurde. Der Psalm 74 singt ergreifend von dieser bedrängenden Erfahrung: „Sie legten an dein Heiligtum Feuer, entweihten die Wohnung deines Namens bis auf den Grund. Sie sagten in ihrem Herzen: ,Wir zerstören alles.' Und sie verbrannten alle Gottesstätten ringsum im Land. Zeichen für uns sehen wir nicht, es ist kein Prophet mehr da, niemand von uns weiß, wie lange noch. Wie lange, Gott, darf der Bedränger noch schmähen, darf der Feind ewig deinen Namen lästern? Warum ziehst du die Hand von uns ab, hältst deine Rechte im Gewand verborgen?" (Ps 74,7–11).

Warum nur greift Gott nicht ein, warum nur zeigt er sich so schwach? Die Frommen retteten sich mit der Vorstellung, dies könne nur ein Mittel der göttlichen Pädagogik sein. Er wolle sicher sein untreues Volk bestrafen, dafür war er sogar bereit, seinen Tempel zu opfern. Ein allmächtiger Gott, der sich entschieden hat, schwach zu sein? Und der durch schwache Verkündiger seine frohe Botschaft zu den Menschen bringen will, wie es der Prophet Jesaja in den Gottesknechtsliedern zu singen wagte? Wer wagt das zu glauben?

Glaubwürdig

Der die Freiheit in Person war
ließ sich von uns die Hände binden.

Der an gar nichts festhielt
wurde an das Kreuz geheftet.

Dessen Herz Raum bot für uns alle
ging auch durchbohrt die Luft nicht aus.

Nur wer sein Leben loslässt
kann das wahre Leben finden.

Wem wenn nicht IHM
kann man solche Weisheit glauben.

Schwache Verkünder eines schwachen Gottes

Das Erzbistum Köln hatte im Mai 2015 zu einem „Forum Evangelisierung" eingeladen. „Zeit, dass sich was dreht! Projekte, Ideen und Inspirationen zu neuen Wegen der Verkündigung", lautete das Motto. Auf einem „Markt der Möglichkeiten" stellten verschiedene Gruppen neue Wege der Katechese, der Glaubensverkündigung und des Gemeindelebens vor. Als biblisch-theologischen Ausgangspunkt hatte man für die Veranstaltung die Rede des Apostels Paulus auf dem Areopag in Athen ausgewählt (vgl. Apg 17,16–34). „Du bist Paulus!", mit diesem Ruf ermutigte der Generalvikar die etwa 350 Teilnehmer, sich mit dem Völkerapostel zu identifizieren. „Wir müssen heute damit anfangen, denn morgen ist es zu spät", so seine Botschaft.[8]

Es war interessant und inspirierend, was uns an diesem Tag alles vorgestellt wurde. Doch das biblische Leitwort ließ mir keine Ruhe. Das ist ja ein sehr schöner Text. Aber merkt denn keiner, was uns da erzählt wird? Wie könnt ihr meinen, wir sollten den Auftritt des Paulus in Athen zum Vorbild für den Neuaufbruch in der deutschen Kirche nehmen? Hat denn keiner den Text richtig gelesen? Da wird uns erzählt, wie Paulus in Athen auf dem Areopag einen ganz starken Auftritt hat. Er hält eine bemerkenswerte Predigt. Er macht alles genau so, wie es mir auch in meiner Priesterausbildung beigebracht wurde. Er hält keine abgehobene Theologenrede. Nein, einfühlsam lässt er sich ein auf die Erfahrungen und Sehnsüchte seiner Zuhörer und knüpft daran an, als er gleichsam das Ass aus dem Ärmel zieht: „Was ihr verehrt, ohne es zu kennen, das verkünde ich euch" (Apg 17,23). Die Rede fasziniert seine Zuhörerschaft. Als Paulus dann aber zum Kern seiner Verkündigung kommt, wendet sich das Bild: „Als sie von der Auferstehung der Toten hörten, spotteten die einen, andere aber sagten: Darüber wollen wir dich ein andermal hören" (Apg 17,32). Man könnte sagen, Paulus hätte doch zufrieden sein können, dass ihm die Leute eine Weile zugehört haben. Man weiß ja nie, wozu es gut war. Vielleicht erinnern sie sich irgendwann einmal daran und bekehren sich dann zu dem Gott, der uns Leben über den Tod hinaus verspricht.

Ich glaube nicht, dass Paulus das so gesehen hatte. Ich denke, Paulus empfand seine großartige Predigt als einen totalen Misserfolg. Doch davon war auf dem „Forum Evangelisierung" nie die Rede. „Wir müssen es machen wie Paulus! Uns ganz auf die Kultur unserer Zeit einlassen. Die Menschen da abholen, wo sie stehen." Entsprechend wurden uns „starke" Wege der Verkündigung vorgestellt. „Wir nehmen Geld in die Hand, gebrauchen die neuesten Medien, trumpfen auf in den sozialen Netzwerken, lassen uns von Marketingfachleuten beraten", so etwas hörte ich an diesem Tag. Aber niemand sprach davon, dass es uns damit ergehen könnte wie dem Apostel Paulus. Am Anfang gibt es großes Interesse, endlich sind mal wieder die Kirchen voll, man scheint Erfolg zu haben – doch der Kern der christlichen Verkündigung wird nicht verstanden.

Schade, dass man die Bibellektüre so früh abbrach. Ich bin überzeugt, dass uns Paulus wirklich als Vorbild dienen kann. Aber wir sollten nicht in Athen stehenbleiben, wo Paulus einen starken Auftritt hatte, mit dem er aber doch nicht die Herzen der Menschen erreichte. Nach seinem Misserfolg verließ Paulus die Stadt und ging nach Korinth, so wird uns berichtet. Dort machte er alles ganz anders und seine

Verkündigung trug Früchte. Warum will sich unsere Kirche nicht an diesem Modell orientieren? Ich habe einen Verdacht: Wir können es nicht ertragen, schwache Verkünder eines schwachen Gottes zu sein. Das widerspricht unserer menschlichen Logik. Paulus hat das auch erfahren und er spricht in seinen Briefen deshalb in aller Deutlichkeit davon, welchen ungewöhnlichen Weg der Verkündigung Gott ihn lehrte. Er schrieb an die Gemeinde in Korinth, die er nach dem Scheitern in Athen gegründet hatte: „Als ich zu euch kam, Brüder, kam ich nicht, um glänzende Reden oder gelehrte Weisheit vorzutragen, sondern um euch das Zeugnis Gottes zu verkündigen. Denn ich hatte mich entschlossen, bei euch nichts zu wissen außer Jesus Christus, und zwar als den Gekreuzigten. Zudem kam ich in Schwäche und in Furcht, zitternd und bebend zu euch. Meine Botschaft und Verkündigung war nicht Überredung durch gewandte und kluge Worte, sondern war mit dem Erweis von Geist und Kraft verbunden, damit sich euer Glaube nicht auf Menschenweisheit stützte, sondern auf die Kraft Gottes" (1 Kor 2,1–5).

Paulus kam nicht nur in aller Schwäche, er verkündete auch noch einen Erlöser, der sich als schwach gezeigt hat. „Da die Welt angesichts der Weisheit Gottes auf dem Weg ihrer Weisheit Gott nicht erkannte, beschloss Gott, alle, die glauben, durch die Torheit der Verkündigung zu retten. Die Juden fordern Zeichen, die Griechen suchen Weisheit. Wir dagegen verkündigen Christus als den Gekreuzigten: für Juden ein empörendes Ärgernis, für Heiden eine Torheit, für die Berufenen aber, Juden wie Griechen, Christus, Gottes Kraft und Gottes Weisheit. Denn das Törichte an Gott ist weiser als die Menschen und das Schwache an Gott ist stärker als die Menschen" (1 Kor 1,21–25).

Es waren die einfachen Leute in Korinth, die diese Botschaft annahmen. So wie bereits Jesus selbst die Erfahrung gemacht hatte, dass es die „Unmündigen" waren, denen seine Worte und Taten zu einer Offenbarung Gottes wurden, nicht aber die Klugen und Weisen (vgl. Mt 11,25). Sind wir in Deutschland einfach noch zu klug, zu reich, zu stark, so dass wir nicht bereit sind, dem Beispiel zu folgen, das Paulus uns vorgelebt hat? Haben wir vielleicht Zweifel, dass sich Gottes Kraft tatsächlich in unserer Schwäche offenbart? Gehen wir deshalb lieber auf Nummer sicher und vertrauen auf unsere großen finanziellen und personellen Möglichkeiten?

Der schwache Gott. Die Evangelien verschweigen diese Schwäche zu keiner Zeit. Der Gottessohn wird Mensch als Kind armer Leute, am Rande der Stadt, am Rande der Gesellschaft. Seine Botschaft findet Annahme bei Ausgestoßenen, Kranken und Armen. Die führenden Leute seines Volkes lehnen Jesus ab. Jesus wird verraten und gefangen genommen. Als seine Jünger versuchen, ihm mit Gewalt zur Hilfe zu kommen, schreitet Jesus ein: „Steck dein Schwert in die Scheide; denn alle, die zum Schwert greifen, werden durch das Schwert umkommen. Oder glaubst du nicht, mein Vater würde mir sogleich mehr als zwölf Legionen Engel schicken, wenn ich ihn darum bitte?" (Mt 26,52f). Der Gott, den Jesus verkündigt, ist der allmächtige Gott. Aber er verzichtet auf Macht und Stärke. Der Weg der Erlösung ist die Schwäche der Liebe.

Gottes Erlösungsweg

So vieles gäbe es zu reparieren
in dieser kaputten Welt,
Hunger und Unterdrückung,
Krieg und Terror,
Klimakatastrophe und so weiter.

Das geht doch nur
mit einer starken Hand.
Zwölf Legionen Engel
könnte der Vater schicken,
wenn ER nur darum bäte (Mt 26,53).

Sechzigtausend Gotteskrieger,
unverwundbar in Ewigkeit,
damit ließe sich doch
Einiges bewegen.

Doch ER tut es nicht.
ER kommt allein.
Und bleibt ein Leben lang
wehrlos wie ein Kind.

Kinderleicht,
IHN aus der Welt zu schaffen.
Eigenartiger Erlösungsweg.
Darauf wäre kein Mensch gekommen.

Zu einem schwachen Gott beten

Die Kirche hat die Bibeltexte, die von der Schwäche Gottes erzählen, nie unterdrückt. In der Liturgie ist auch ständig vom gekreuzigten Erlöser die Rede. Aber glauben wir wirklich, dass die Schwachheit der Liebe der Weg der Erlösung ist? Unser Gebet wird uns zeigen, an welchen Gott wir glauben.

Mir scheint, die meisten Gebete der Christen bitten um das Eingreifen eines starken Gottes. Sind sie vielleicht von der Hoffnung motiviert, sich durch inständiges Gebet und ein an den göttlichen Geboten ausgerichtetes Verhalten die Unterstützung des Allmächtigen sichern zu können, der alle Probleme dieser Welt beseitigen könnte, wenn er denn wollte? Und ist nicht genau diese Erwartung der Grund, warum so viele Menschen mit dem Gott, an den sie glauben wollen, ein Problem haben? Da beten sie immer wieder, und doch geschieht nichts. Der Mensch, der ihnen am liebsten ist, stirbt. Sie selbst leiden an einer schlimmen Krankheit, und kein Wunder geschieht. Die Welt ist voll von Krieg, Gewalt und Terror. Und Gott tut nichts.

Die Theologen nennen dies das „Theodizee-Problem". Viele tiefschürfende Abhandlungen wurden schon dazu verfasst. Wer betet, muss sich diesem Problem stellen. Wer Gott ernst nimmt, sollte ihn auch dazu befragen. Warum gibt es all dieses Leid? Warum greifst du nicht ein?

Ich will hier keine einfachen Antworten präsentieren. Ich kann nur davon erzählen, zu welchem Glauben ich durch Bibellektüre und Gebet gekommen bin. Ich bin überzeugt, dass Gottes Erlösungsweg ganz anders ist, als ein Mensch sich das je ausdenken würde. Paulus hatte schon recht: Den Kreuzestod Jesu als Weg der Erlösung zu verkünden ist entweder töricht oder eine unerträgliche Provokation für den gesunden Menschenverstand.

Viele Menschen können nicht verstehen, warum in unserer Bibel Texte stehen, die von einem gewalttätigen, kriegerischen Gott erzählen. Ist das nicht durch Jesus überholt? Wie kann man diese Texte weiter als Teil der „Heiligen Schrift" anerkennen? Ein wichtiges Grundprinzip katholischer Bibelauslegung ist die „Einheit der Schrift" (vgl. dazu die Konzilskonstitution „Dei Verbum", besonders Nr. 12). Nicht die einzelnen Wörter der Bibel sind gleichsam von Gott selbst diktierte Gottesworte. Das „Wort Gottes" wird vielmehr durch die Heilige Schrift als Einheit vernommen. Eine sehr spannungsreiche Einheit! Die Bibel ist eine Bibliothek, die uns einen Lernprozess im Glauben vorstellt und uns zu einem solchen Lernprozess einlädt. Weil wir Menschen mit unserer Logik immer dazu tendieren, einen starken Gott zu verehren, stehen die kriegerischen und gewalttätigen Texte weiter in der Bibel. Sie wollen für uns ein Spiegel sein, in dem wir uns selbst erkennen können. Ich gebrauche einen Spiegel, um Bereiche meines Körpers anschauen zu können, die meinen Augen verborgen sind, z.B. bei der morgendlichen Rasur. Dementsprechend sollen die biblischen Texte uns durch Erzählungen und Weisheitsworte sichtbar erkennen lassen, wofür wir sonst blind wären. Wir werden eingeladen, den Weg des Gottesvolkes mitzugehen, in der Lektüre seine Verirrungen, Enttäuschungen und Krisen mitzuerleben, um fähig zu werden, mit neuen Augen auf Gott und die Welt zu schauen. Nur so wird es uns möglich werden, die Torheit des Lebens und Sterbens unseres Erlösers zu verstehen. Der Gott, den Jesus verkündigt hat, ist ein Gott der Liebe. Er ist keiner, der von oben her eingreift, der parteiisch seinen Auserwählten zum

Sieg verhilft. Wenn Gott in das Leben eingreift, dann auf der Seite der Armen und Leidenden. Und nicht, indem er ihr Leid einfach wegzaubert. Er teilt ihr Leid. Er wird einer von ihnen. Er nimmt das Leid auf sich. Er stirbt einen elenden Tod am Kreuz. Und eröffnet uns so den Weg zum Leben.

Hören Sie auf, von der Nähe Gottes zu reden!

Der evangelische Theologe Christian Lehnert berichtete von einer polnischen Frau, deren Worte über die Nähe Gottes sich in seinem Herzen eingebrannt hätten.[9] Diese Frau sei die Einzige gewesen, die ihn je im gottesdienstlichen Gebet unterbrochen hatte. Sie fiel einfach um, „und das war Willkür, getarnt mit dem verzeihlichen Sekundenschlaf einer Achtzigjährigen"[10]. Am nächsten Tag erklärte sie ihm ihr Verhalten. „„Was haben Sie da gesagt? Nähe? Sie beteten um Gottes Nähe? Wissen Sie, was Sie da wollen?'"[11], fragte sie ihn. Was sie ihm dann erzählte, geht unter die Haut. Als im Herbst 1939 die deutsche Wehrmacht in Polen einmarschierte und die Panzer auf das Gehöft ihrer Familie zurollten, war sie gerade auf dem Feld. Eine Rückkehr zu ihrer Familie war nicht mehr möglich. „Ich warf mich hin, legte mich flach in das teils schon aufgepflügte Feld und betete, betete um Bewahrung, um Gottes Nähe, um seine rettende Hand. Und ich fühlte plötzlich eine seltsame innere Sicherheit, es war wie ein warmes Licht, das mich einschloss. Gott ist nah, dachte ich, fühlte ich tief in mir."[12] Die Panzer rollten vorbei, sie war gerettet. „Immer wieder", so fuhr sie ihren Bericht fort, „habe ich mich später gefragt, was dieser Moment gefühlter Gottesnähe bedeutete. Naivität? War Gott mir damals wirklich nah? Aber was ist das dann für ein Gott?"[13] Denn das Entsetzen war groß, als sie am nächsten Tag erfuhr, dass im Nachbarhof die Familie ihrer besten Freundin grausam gefoltert und umgebracht worden war. „Warum lebe ich noch und die anderen nicht? Wie konnte es sein, dass ich in der Ackerfurche lag in tief empfundener Gottesnähe, während die anderen, wenige hundert Meter weiter … Wenn Gott nah ist, geschehen Dinge, die der Mensch nicht fassen kann. Gott ist zu viel für uns … Keine Nähe! Hören Sie? Niemals seine Nähe!"[14]

Lehnert lässt diesen Bericht weitgehend unkommentiert stehen. Er warnt nur davor, Gott in unsere Vorstellungen von der Welt und dem Leben einzupassen und sich „behaglich einzunisten bei einem Gott, wie wir ihn brauchen."[15]

Was ich da las, raubte mir die Sprache. Mir gingen die Worte der alten polnischen Frau lange nach. An was für einen Gott glaube ich eigentlich? Aber dann kam in mir eine Frage hoch. Könnte es sein, dass die Erwartungshaltung dieser Frau einfach falsch war? Eine falsche Erwartung, die man von klein auf in ihr genährt hatte? Ging sie davon aus, dass dem, der die Nähe Gottes erfahren darf, auch automatisch der Schutz und der Beistand eines allmächtigen Gottes zuteil wird? Und dass umgekehrt das Martyrium ihrer Nachbarn ein sicherer Beleg dafür ist, dass Gott ihnen nicht nahe war?

Ich glaube an einen Gott, der seinen geliebten Kindern nahekommen will. Aber er kommt nicht von oben herab, sondern auf Augenhöhe. Gott kommt zu uns als jemand, der liebt und der geliebt werden will, der sich uns daher in aller Schwachheit nähert. Ich bin davon überzeugt, dass

Gott dieser polnischen Frau tatsächlich nahe war, als sie sich in den Ackerboden niederdrückte und diese Nähe zu spüren glaubte. Aber das heißt noch lange nicht, dass dies der Grund war, weshalb sie vor der Entdeckung durch die Soldaten bewahrt wurde. Vielleicht gab ihr die Erfahrung von Gottes Nähe die nötige Ruhe, um nicht aufzufallen, das mag sein. Ich wage aber auch zu glauben, dass Gott ihrer Nachbarfamilie nahe war, als diese von deutschen Soldaten gefoltert und ermordet wurde. Gott ist mit gemordet worden. Ich hoffe sehr, dass die Erfahrung seiner Nähe den Leidenden Kraft gab in ihrer Todesstunde.

Wo war Gott in Auschwitz? Wo in Ruanda? Wo auf den Schlachtfeldern Verduns, wo in den Kriegsgebieten Syriens, in Aleppo und im Foltergefängnis Sednaja? Ich glaube, dass er da war und auch heute überall dort ist, wo Menschen unter Menschen leiden. Er leidet mit. Aber er greift nicht ein und korrigiert nicht einfach hier auf Erden das menschliche Verhalten.

Was bedeutet das für mein Gebet? Was erwarte ich von dem Gott, zu dem ich bete? „Geliebt wirst du einzig, wo du schwach dich zeigen darfst, ohne Stärke zu provozieren", sagte Adorno. Ich glaube an einen Gott, der als schwacher Gott geliebt werden will und nicht nur deshalb, weil er stark und nützlich ist. Ich glaube an einen Gott, der von mir erfahren möchte, dass ich ihn in seiner Schwäche annehme und bejahe. Und eben nicht sage: Ein Gott, der nichts für mich tut, kann mir gestohlen bleiben.

Als Jesus geboren wurde, erschienen Engel einigen Hirten auf den Feldern und verkündeten ihnen eine großartige, gewaltige Botschaft: „Heute ist euch in der Stadt Davids der Retter geboren; er ist der Messias, der Herr." Und als Beleg für die Wahrheit des Gesagten wurde ihnen geboten:

„Das soll euch als Zeichen dienen: Ihr werdet ein Kind finden, das, in Windeln gewickelt, in einer Krippe liegt" (Lk 2,11f). Jedes Jahr aufs Neue berührt mich beim Hören der Weihnachtsevangelien, dass die Hirten das Zeichen verstanden. Sie erkannten in einem schwachen, wehrlosen Kind den Retter der Welt. Ein Erlöser, der es nötig hatte, in Windeln gewickelt zu werden.

Ich glaube an einen liebenden Gott, der mir so nahe ist, wie kein Mensch mir nahe sein kann; dessen Nähe aber nicht bedeutet, dass ich hinsichtlich meines irdischen Lebens Vorteile gegenüber meinen nicht glaubenden Nachbarn habe. Ich glaube durchaus an die Heilkraft des Glaubens. Wer sich geliebt weiß, bei dem sind die körpereigenen Abwehrkräfte stärker als bei jemandem, der unter Einsamkeit und Traurigkeit leidet. Aber ich bin mir bewusst: Krankheiten, Leiden und Sterben wird es auch in meinem Leben geben. Und wenn ich morgen Opfer eines Verkehrsunfalls oder eines Terroranschlags würde, wäre das kein Beweis dafür, dass meine Gebetserfahrungen der Liebe Gottes nur eine Illusion waren. Sollte dies geschehen, sähe ich keinen Grund, Gott wegen meines Leids zur Rechenschaft zu ziehen. Wohl sehne ich mich danach, mit seinen Augen diese Welt anschauen zu können. Mit seinem Herzen fühlen zu können. Verstehen zu können, was mein menschlicher Verstand nicht zu begreifen vermag. Das erhoffe ich mir vom Himmel.

„Ihr alle werdet an mir Anstoß nehmen" (Mt 26,31)

Wirst du mich noch lieben,
wenn von dem, was dir einst schön erschien,
nicht ein kleiner Rest geblieben,
wenn mein Körper ohne Haare, faltig, unansehnlich,
saft- und kraftlos, ganz erbärmlich, vor dir liegt?

Wirst du mich noch lieben,
wenn von dem, was dir einst stark vorkam,
nicht ein Hauch zurückbleibt,
wenn ich gelähmt, gebrochen, antriebslos
wie ein nasser Sack daniederliege?

Wirst du mich noch lieben,
wenn mein Leib statt Wohlgerüchen
dir Tag für Tag Gestank entgegentreibt,
wenn ich nichts mehr halten kann,
im eigenen Dreck gefangen bin?

Wirst du mich noch lieben,
wenn ich dir für alle deine Liebe
nicht ein Wort des Dankes sage,
weil mein Geist auch schwach geworden,
weil ich dich nicht einmal mehr kenne?

Wirst du mich noch lieben,
wenn alle um dich herum sagen:
Das ist doch kein Leben mehr.
Das hätte er sicher nicht gewollt.
Das wäre doch viel zu viel verlangt von dir.

.

Der geistliche Weg

Widerstände gegen das Wirken des Heiligen Geistes

Für den hl. Ignatius, den Gründer des Jesuitenordens, ist all unser Beten nur eine Form der Vorbereitung. Er nennt es das „Disponieren". Das Ziel der von ihm verfassten „Geistlichen Übungen" (Exerzitien) ist darum „jede Art, die Seele vorzubereiten und dazu bereit zu machen (disponer), … den göttlichen Willen zu suchen und zu finden …" (Exerzitienbuch Nr. 1).[16]

Wer sich auf den spirituellen Weg begibt, wird bald merken, dass dieses „sich bereitmachen" nicht nur darin besteht, ruhiger zu werden. Er wird spüren, dass es in ihm manches gibt, was das Wirken des Heiligen Geistes behindert. Bereit machen heißt dann, diese Hindernisse aus dem Weg zu räumen. Der belgische Arbeiterpriester und Mystiker Ägid van Broeckhoven (1933–1967) beschreibt den Menschen als „ein diamantenes Haus, in dem ein strahlendes Licht brennt"[17]. Das Licht ist jedoch von transparenten Mauern umschlossen. Mich hat dieses Bild sehr angesprochen, und ich habe es für mich selbst weiter entfaltet. Ich glaube, dass in jedem Menschen das Feuer des Heiligen Geistes brennt. Doch um dieses Feuer herum gibt es Mauern und ständig entstehen neue, aufgrund von seelischen Verletzungen, Ängsten und inneren Verhärtungen. Je mehr Mauern es gibt, desto kälter wird es in einem Menschen. Die Wärme des Feuers dringt nicht mehr durch. Da die Mauern aber transparent sind, kann man jedoch immer noch etwas vom Schein des Feuers wahrnehmen. Wir müssen es zulassen, dass die Mauern in uns eingerissen werden. Nach der Überzeugung Ägid van Broeckhovens geschieht dies durch die Freundschaft und Liebe eines anderen Menschen, der mir seine Nähe schenkt und um Einlass in mein Leben bittet. Das Einreißen der Mauern ist schmerzhaft, auch für den, der es tut.

Die Erfahrung von Freundschaft und Liebe kann befreiend wirken – auch in spiritueller Hinsicht. Ich glaube, dass es aber nur Jesus Christus vermag, all die Mauern niederzureißen, die um das Feuer in uns existieren. Er wird dabei verletzt, doch seine Liebe zu uns ist so stark, dass er nicht aufhört, Mauern einzureißen. Beim geistlichen Leben geht es darum, Jesus die Erlaubnis zu geben, sich als „Mauerspecht" zu betätigen. Es ist schmerzhaft, wenn eine Mauer in uns Risse bekommt und einstürzt – aber es ist auch befreiend. Und je mehr Mauern fallen, desto deutlicher wird das Licht des Geistes sichtbar und desto mehr wird die Wärme seines Feuers spürbar. Wir sind berufen, ein brennender Dornbusch zu sein. Uns vom göttlichen Feuer entzünden zu lassen – ein Feuer, das brennt, ohne zu zerstören (vgl. Ex 3,3).

Wenn ich durch Gottes Liebe und die Liebe von Menschen befreit werde, wenn die Mauern einstürzen, dann begegne ich in meinem Inneren nicht nur dem Heiligen Geist, sondern auch meinem wahren Selbst. Gott ist mir näher, als ich mir selbst nahe bin, wusste schon der hl. Augustinus.[18]

Innere Reinigung

Man hat den Prozess des Mauereinreißens auch als innere Reinigung bezeichnet. Ich habe bereits den hl. Augustinus zitiert, der von der Sehnsucht als Grundhaltung des Gebetes schrieb. Die anderen Sehnsüchte, die es in uns gibt – nach Erfolg, Konsum, Macht –, hindern uns daran, der Sehnsucht nach Gott genügend Raum zu geben. Augustinus schreibt: „So ist unser Leben eine Einübung in die Sehnsucht. Die heilige Sehnsucht wird umso erfolgreicher sein, je mehr wir die Wurzeln der Eitelkeit unserer Sehnsüchte ausreißen. Wir haben es schon an einer anderen Stelle gesagt, dass es zuerst notwendig ist, leer zu werden, um uns dann füllen zu lassen. Du sollst vom Guten angefüllt werden, also musst du dich vom Schlechten freimachen. Stell dir vor, Gott will dich mit Honig anfüllen. Wenn du aber voll bist mit Essig, wo sollte er den Honig unterbringen? Es ist also notwendig, das Gefäß von dem freizumachen, was drinnen war. Man wird es sogar reinigen müssen. Und es mag sein, dass das Reinigen des Gefäßes Mühe und Anstrengung kostet, damit es dann auch wirklich etwas anderes aufnehmen kann.

Wenn wir von Honig sprechen, von Gold oder von Wein usw., tun wir das nur, um uns auf jene einzige Wirklichkeit zu beziehen, die wir verkünden wollen, die aber undefinierbar ist. Diese Wirklichkeit nennen wir ‚Gott‘. Und wenn wir ‚Gott‘ sagen, was wollen wir da ausdrücken? Diese beiden Silben [er meint das lateinische Wort: De-us] sind all das, was wir erwarten. Deshalb bleibt alles, was wir auch immer ausdrücken können, weit hinter der Wirklichkeit zurück. Strecken wir uns also aus nach ihm, damit Er uns anfüllt, wenn er kommt. ‚Wir werden ihm ähnlich sein, denn wir werden ihn sehen, wie er ist‘ (1 Joh 3,2)."[19]

Begleitung in Anspruch nehmen

Gerade in schweren Phasen unseres Lebens spüren wir, wie wichtig die Unterstützung durch andere ist. Ich finde den Austausch mit anderen Menschen, die auch an Gott glauben wollen, sehr hilfreich. Dieser Austausch wird mir durch die Bibellektüre ermöglicht, im Dialog mit den Menschen, die die Bibeltexte geschrieben, bearbeitet und überliefert haben, aber auch im Dialog mit anderen Bibellesern. Sehr hilfreich für mich ist auch die geistliche Begleitung. Die Person, die diesen Dienst übernimmt, soll mir nicht sagen, wo es langgeht. Sie soll mir vielmehr mitteilen, wie meine Erfahrungen, Gedanken und Wünsche bei ihr ankommen, mir durch Rückfragen und Anmerkungen gleichsam einen Spiegel vorhalten.

Wir brauchen alle einen solchen Spiegel. Denn wir Menschen sind Meister darin, uns eine eigene Welt der Wahrnehmung und der Beurteilung zu schaffen. Die Kommunikationspsychologie hat das sehr gut aufgezeigt. Das Buch „Anleitung zum Unglücklichsein" des österreichischen Psychologen Paul Watzlawick wurde wohl auch deshalb ein Bestseller, weil sehr viele Menschen sich in den von ihm pointiert beschriebenen Beispielen wiedererkennen konnten. Wir sind oft wie gefangen in bestimmten Vorstellungen und Erwartungen. Wenn wir uns davon nicht befreien lassen, kann Gottes frohe Botschaft uns oft nicht erreichen.

Dies illustriert auch eine schöne Geschichte aus Indien, die von dem Autor Deepak Chopra stammt. Er erzählt, dass in seiner Heimat die Führer der Arbeitselefanten beim Training ihrer Tiere die jungen Elefanten mit dicken Seilen an großen Bäumen festbinden, damit sie nicht weglaufen können. Später jedoch verwenden die Elefantenführer für die erwachsenen Tiere nur eine dünne Wäscheleine zum Anbinden. Das Erstaunliche ist, dass diese Kolosse von mehreren Tonnen Gewicht sich nicht losreißen, selbst wenn sie Hunger oder Durst verspüren. Die dünne Schnur stellt eigentlich kein wirkliches Hindernis für sie dar. Doch die erwachsenen Elefanten können sich nicht befreien, weil die Lösung außerhalb ihrer Vorstellung liegt. Sie vermuten, dass die Schnur sie so sehr bindet, wie sie es in ihrer Jugend erlebt haben. Sie sind ‚Inside the box‘, sagt Chopra, und dort ist kein Hinweis darauf zu finden, wie leicht sie sich befreien könnten. Sie leben in einem kognitiven Gefängnis, dessen Gitterstäbe sie weder sehen noch fühlen können.[20]

Ballast abwerfen

Dem Schweizer Wissenschaftler und Abenteuer Bertrand Piccard gelang es 1999 als erstem Menschen, gemeinsam mit seinem Copiloten Brian Jones in einer Ballonfahrt ohne Zwischenlandung die Erde zu umrunden. Für Piccard wurden seine Erfahrungen als Ballonfahrer zu einem Gleichnis für das Leben. Bei der Ballonfahrt müsse man erleben, wie der Wind einen in eine Richtung blase, die man nicht kontrolliere könne. Das Einzige, worauf man als Ballonfahrer Einfluss habe, sei die Höhe. Wenn man Ballast abwerfe, könne man in eine andere Windströmung gelangen und so die Richtung verändern. So sei es auch im menschlichen Leben. Die Richtung ließe sich nur verändern, indem man Ballast abwerfe, wie Dogmen, festgefügte Vorstellungen und Traditionen.[21]
Wenn man in einem Heißluftballon fährt und es darum geht zu entscheiden, wie viele Sandsäcke man abwirft, fällt

die Entscheidung sicher nicht sehr schwer. Beim Loslassen von liebgewordenen Vorstellungen und eingefleischten Überzeugungen ist das etwas anderes. Ich glaube ja fest daran, dass sie mir Sicherheit geben. Wenn ich sie jetzt einfach über Bord werfe – werde ich dann nicht ein Spiel der Winde? Begebe ich mich nicht in größte Gefahr?

Jesus hat seine Jünger immer wieder dazu aufgefordert, Ballast abzuwerfen. Mich fasziniert ein Doppelgleichnis Jesu, das im Lukasevangelium überliefert wurde (vgl. Lk 14,25–33). Jesus versucht dadurch deutlich zu machen, was man wirklich braucht, um ihm nachfolgen zu können. Er gibt dafür zwei Beispiele, eines aus dem Leben der Mächtigen, eines aus dem Leben der gewöhnlichen Leute. „Wie ist das, wenn jemand von euch einen Bau plant?", fragt er. „Fängt der nicht erst an zu rechnen und prüft, ob seine finanziellen Mittel für das Vorhaben ausreichen? Würde er das nicht machen, könnte es passieren, dass ihm, kaum dass er das Fundament gelegt hat, die Mittel ausgehen. Er würde zum Gespött aller Leute. Und wie ist das bei einem König, der gegen einen anderen in den Krieg zieht? Zählt der nicht zuerst nach, wie viele Soldaten ihm zur Verfügung stehen, um abzuschätzen, wie groß seine Chancen gegen das Heer seines Gegners sind? Wenn er merkt, dass er zahlenmäßig völlig unterlegen ist, wird er dann nicht sofort Friedensverhandlungen aufnehmen, statt in einen aussichtslosen Kampf zu ziehen?"

Die Zuhörer Jesu werden sicher eifrig genickt haben. Und auch wir können seinen Beispielen leicht zustimmen. So macht man das auch heute. Wenn man etwas plant, dann überprüft man zunächst Manpower und Finanzen. Und während noch alle am Nicken sind, sagt Jesus: „Genauso ist das, wenn mir jemand nachfolgen will. Nur umgekehrt.

Ihr müsst nachschauen, was ihr noch zu viel habt, was euch als Ballast an der Nachfolge hindert. Mein Jünger kann nur sein, wer auf seinen ganzen Besitz verzichtet."

Wieder eines der paradoxen Worte Jesu. So wie die berühmte Aussage: „Wer sein Leben retten will, wird es verlieren; wer aber sein Leben um meinetwillen verliert, der wird es retten" (Lk 9,24).

Ballast abwerfen. Wer Jesus nachfolgen will, muss schauen, was er noch zu viel im Gepäck hat. Der Besitzverzicht meint sicher nicht nur den Verzicht auf materielle Güter, sondern auch den viel schwierigeren Verzicht auf vorgefertigte Meinungen, feste Erwartungen und Glaubensüberzeugungen. Für die meisten Menschen ist einer der wichtigsten Besitztümer die eigene Handlungskompetenz. Darum fürchtet man Krankheit so sehr – ich will nicht abhängig von anderen sein! Und am meisten wird der Verlust der Geisteskraft im Alter gefürchtet. Wenn ich nicht mehr Herr oder Frau meiner Sinne bin – ist dann Leben noch lebenswert?

Wer das Entscheidende seines Lebens aus eigener Kraft erreichen will, der wird scheitern. Das gilt auch für das Gebet. Wer die Beziehung zu Gott ganz allein gestalten will, dem wird das nicht gelingen. Wahrscheinlich begegnet er in seinen Gebeten dann nicht dem liebenden Gott, sondern einem Götzen, vor dem er sich fürchten muss. Dem liebenden Gott begegnen geht nur, wenn ich auf meinen ganzen Besitz verzichte. Auf mein Können, sogar auf meine eigenen Erwartungen und Ziele. „Gott ist es, der in euch das Wollen und das Vollbringen bewirkt, noch über euren guten Willen hinaus" (Phil 2,13), schreibt Paulus an seine Lieblingsgemeinde in Philippi. Unser guter Wille bringt uns dazu, zu beten. Aber das Wollen und Vollbringen dürfen wir uns schenken lassen. Wir können dieses Geschenk aber nur empfangen, wenn wir Ballast abwerfen und auf unseren Besitz verzichten.

Das ist wahnsinnig schwer. Das läuft konträr zu allen Handlungsmustern, in die wir uns seit Kindheit einüben sollten. Ich spreche aus Erfahrung. Obwohl ich sehr viele positive Erfahrungen im Gebet machen durfte, seit ich „die Waffen streckte" und kapitulierte, fällt es mir immer noch schwer, mich einfach der scheinbaren Leere anzuvertrauen. „Okay", sage ich mir, „ich fühle mich eingeladen zum Gebet. Ich nehme mir jetzt Zeit dafür. Ich weiß, dass ich nicht beten kann. Und jetzt? Was passiert? Wie geht das?" Ich sitze einfach da und sage nur zu Jesus: „Wenn du jetzt nicht deinen Heiligen Geist sendest, wird das nichts mit dem Gebet. Aber ich überlasse mich dir. Ich weiß, dass du es gut mit mir meinst. Ich weiß, dass es in dir eine Sehnsucht gibt nach meiner Nähe. Hier bin ich. Ich kann nicht beten. Ich warte einfach mal ab, was geschieht. Denn ich weiß: Es gibt für mich nichts Schöneres, als dir nahe zu sein."

Es fühlt sich manchmal an wie in meiner Kindheit der Sprung vom Zehnmeterbrett ins Schwimmbecken. Ich habe den Sprung schon oft gewagt. Doch wenn ich oben stehe und hinunterschaue, bekomme ich doch wieder Zweifel. Beim Gebet ist es ähnlich, aber anders. Gott steht da und ruft: „Spring! Ich fange dich auf. Ich nehme dich in meine Arme." Und wenn ich es wage zu springen, dann wird alles leicht.

Dekantieren am Morgen

Will ich
jungen Wein ausschenken,
dann öffne ich die Flasche schon beizeiten,
gönne dem Wein die Zeit zum Atmen,
gieße ihn in den Dekanter.

Auch bei ungestümen Weinen
können Aromen sich so entfalten,
und weich und intensiv
wird der Geschmack.

Selbst für alte Weine
ist Dekantieren ratsam.
Was sich in langen Jahren angesammelt,
kann sich setzen, kommt zur Ruhe.

Willst DU beim Gebet am Morgen
mich für die Welt dekantieren?
Mein ungestümes Vorwärtsdrängen
bremst du aus, bringst mich zum Halt!

Wenn dein Geist mich sanft beatmet,
kann manches sich in mir entfalten,
kann mich verträglich machen,
mild und weich, doch intensiv.

Das, was in mir sich angestaut,
kann sich behutsam setzen,
wird nicht länger aufgewirbelt,
kommt zur Ruhe, kommt zu dir.

Bist DU es selbst,
der mich verkosten will?
Der sich freut an jedem Schluck,
geprägt von Sonne, Regen und auch Frost?

Genieße mich!
Mach mich genießbar!
Mach vollkommen
meine Freude.

Placebo-Effekt?

Man kennt es aus der Medizin. Placebos, also Tabletten ohne Wirkstoff, wirken bei vielen Menschen außerordentlich gut. Die positive Erwartung an die Wirkung der Tabletten ist in sich schon heilsam. Funktioniert so auch unser Glauben? Kann man so die positive Wirkung von Gebeten erklären?

Im Hebräerbrief heißt es: „Glaube ist: Feststehen in dem, was man erhofft, Überzeugtsein von Dingen, die man nicht sieht" (Hebr 11,1). Das klingt noch recht harmlos. Bei Jesus selbst werden die Dinge noch mehr auf die Spitze getrieben, wenn er sagt: „Ihr müsst Glauben an Gott haben. Amen, das sage ich euch: Wenn jemand zu diesem Berg sagt: Heb dich empor und stürz dich ins Meer!, und wenn er in seinem Herzen nicht zweifelt, sondern glaubt, dass geschieht, was er sagt, dann wird es geschehen. Darum sage ich euch: Alles, worum ihr betet und bittet – glaubt nur, dass ihr es schon erhalten habt, dann wird es euch zuteil" (Mk 11,22–24).

Ich will in Beziehung treten zu Gott. Lange war mein Gebet von dieser Art: „Zeig dich mir!" „Lass mich dich spüren!" „Erhöre mich!" Gebete, die scheinbar unerhört blieben. Folge ich den Jesusworten, dann ändert sich die Gebetshaltung: „Ich sehne mich nach dir. Meine Augen sehen dich nicht. Aber du bist da. Ich glaube das. Ich möchte es noch mehr glauben. Hilf mir dabei."

„Glauben heißt vertrauen, dass es geht; so tun, als ob es ginge, und im Tun erfahren, dass es geht", übersetzte Anselm Grün die Worte Jesu. Ich tue so, als ob ich Gott schon spüren würde. Ich gebe ihm einen Vertrauensvorschuss. „Glaubt nur, dass ihr es schon erhalten habt, dann wird es euch zuteil", sagte Jesus. Ich muss es nicht machen. Aber ich bete in einer empfänglichen Haltung.

Mein Glaube ist oft schwach. Ich bin unterwegs vom Zweifel zum Vertrauen. Aber ich darf so sein. Ich möchte ehrlich beten. Und ich glaube, dass Gott sich über ein ehrliches Gebet mehr freut als über schwülstige Liebesbekenntnisse, die nicht ernst gemeint sind. Er weiß ja, wie wir wirklich sind, was wir wirklich denken und empfinden. Wenn ich also im Gebet zu Gott sage: „Ich glaube, dass du jetzt da bist. Ich liebe dich" – dann füge ich oft hinzu: „Du, ich will ehrlich sein. Ich weiß nicht, ob ich wirklich schon glaube. Aber ich habe die Sehnsucht nach diesem Glauben. Ich weiß auch nicht, ob man das, was ich für dich empfinde, Liebe nennen kann. Aber ich habe Sehnsucht nach dieser Liebe. Ich weiß, es gibt nichts Besseres für mich, als dich zu lieben. Darum bin ich jetzt da. Du kennst mich. Du willst nichts Unmögliches von mir. Sieh meine Sehnsucht. Schenke mir Glauben. Entzünde das Feuer der Liebe in mir. Aber so, wie du willst und wann du willst. Ich habe jetzt eine Stunde Zeit für dich. Ich habe nichts Besseres vor. Ich werde einfach da sein und auf dich warten."

Es gibt etwas, was mir das Warten sehr leicht gemacht hat. Es ist die Einsicht, dass Gott mich auch liebt. Ich komme nicht als Bittsteller zu jemandem, der mir gnädig eine Gunst gewährt. Ich komme zu jemandem, der selbst Sehnsucht hat. Der nur darauf wartet, dass ich ihm erlaube, tätig zu werden. Und so erlebe ich das immer wieder – staunend und dankbar. Ich spüre: Es ist gut, mit ihm zusammen zu sein. Ich habe keine Erscheinungen und höre keine himmlischen Stimmen. Aber in mir ist Frieden. Zufriedenheit. Glück.

Gebet ist keine Einbahnstraße

Paulus schreibt der Gemeinde in Rom über das Wirken des Heiligen Geistes: „Der Geist selber tritt jedoch für uns ein mit Seufzen, das wir nicht in Worte fassen können. Gott, der die Herzen erforscht, weiß, was die Absicht des Geistes ist: Er tritt so, wie Gott es will, für die Heiligen ein" (Röm 8,26–27).

Gott versteht also, was der Geist in uns betet. Sein Beten ist jedoch keine Einbahnstraßen-Kommunikation. Der Geist teilt uns auch etwas von Gott mit. Darüber hat Jesus seine Jünger an ihrem letzten gemeinsamen Abend belehrt. Der Evangelist Johannes fasst diese Lehre in den sogenannten Abschiedsreden zusammen. Jesus beschreibt den Heiligen Geist als Lehrer in uns: „Der Beistand aber, der Heilige Geist, den der Vater in meinem Namen senden wird, der wird euch alles lehren und euch an alles erinnern, was ich euch gesagt habe" (Joh 14,26). Der Heilige Geist wirkt vor allem durch das Erinnern. Ich erlebe es immer wieder, dass mir der tiefere Sinn von Bibeltexten aufgeht, die ich schon viele Male zuvor gelesen habe, ohne dass sie mich angesprochen hatten. Ich war wohl noch nicht bereit für diese Wahrheit. Doch der Heilige Geist erinnert mich immer wieder daran und macht so Verstehen möglich.

„Wenn aber der Beistand kommt, den ich euch vom Vater aus senden werde, der Geist der Wahrheit, der vom Vater ausgeht, dann wird er Zeugnis für mich ablegen" (Joh 15,26).

„Doch ich sage euch die Wahrheit: Es ist gut für euch, dass ich fortgehe. Denn wenn ich nicht fortgehe, wird der Beistand nicht zu euch kommen; gehe ich aber, so werde ich ihn zu euch senden. Und wenn er kommt, wird er die Welt überführen (und aufdecken), was Sünde, Gerechtigkeit und

Gericht ist; Sünde: dass sie nicht an mich glauben; Gerechtigkeit: dass ich zum Vater gehe und ihr mich nicht mehr seht; Gericht: dass der Herrscher dieser Welt gerichtet ist. Noch vieles habe ich euch zu sagen, aber ihr könnt es jetzt nicht tragen. Wenn aber jener kommt, der Geist der Wahrheit, wird er euch in die ganze Wahrheit führen. Denn er wird nicht aus sich selbst heraus reden, sondern er wird sagen, was er hört, und euch verkünden, was kommen wird. Er wird mich verherrlichen; denn er wird von dem, was mein ist, nehmen und es euch verkünden. Alles, was der Vater hat, ist mein; darum habe ich gesagt: Er nimmt von dem, was mein ist, und wird es euch verkünden" (Joh 16,7–15).

Es ist der Geist der Wahrheit. Er wird uns in die ganze Wahrheit führen – die Wahrheit über Gott, aber auch die Wahrheit über uns selbst. Die Wahrheit über Gott lautet: Gott ist Liebe (1 Joh 4,16). Entsprechend ist das, was der Geist uns als erstes lehrt: Ich bin bedingungslos geliebt und angenommen. Der Geist teilt uns aber auch die Wahrheit über uns selbst mit. Ich bin so oft vor Gott davongelaufen. Ich habe so oft nicht hingehört, wenn er zu mir sprach. Und ich habe mich in meinem Verhalten gegenüber den Mitmenschen von Angst leiten lassen. Darum habe ich ihnen so oft die Liebe verweigert. Wer begriffen hat, dass er selbst nicht beten kann und sich der Führung des Geistes überlässt, wird mit der eigenen Wahrheit konfrontiert. Das ist oft schmerzhaft. Doch der Geist offenbart uns nur so viel, wie es momentan für uns gut ist. Es gibt Zeiten, da geht es uns wie den Jüngern, zu denen Jesus sagte: „Noch vieles habe ich euch zu sagen, aber ihr könnt es jetzt nicht tragen" (Joh 16,12). Der Geist offenbart uns die Wahrheit in dem Maß, wie wir sie auch ertragen können. Es ist eine Wahrheit, die uns nicht verzweifeln lassen soll, sondern uns in die Freiheit führt.

Beredtes Schweigen

Dein Schweigen, Gott,
bringt mich zur Sprache.

Deine Stille
gibt Raum meinem Wort.

Wie oft jedoch lässt dich verstummen
die Kaskade der Gedankenrede.

Du hältst es aus,
dass mein „Ich" sich breit macht.

Der kleinste Platz
ist dir genug.

Der du alles bist
hältst gar nichts fest.

Lässt los, verschenkst
Raum und Zeit.

Nicht zu ermessen
deine Größe.

Im kleinsten Samen
Unendlichkeit verborgen.

Nicht zu ergründen
des Wortes Tiefe.

Wort, das schweigen kann,
Wort, das in Stille spricht.

Verhalten in Krisenzeiten

Viele Menschen, die sich mit Entschiedenheit auf den geistlichen Weg begeben haben, berichten davon, wie sie in eine tiefe Krise geraten sind. In der Stille brechen auf einmal alte Verwundungen auf. Sie werden mit der Wahrheit über sich selbst konfrontiert. Hier ist die Begleitung durch einen im Gebet erfahrenen Menschen sehr wichtig und hilfreich.

Wie verhält man sich in Krisenzeiten? Für mich ist ein Rat sehr wichtig geworden, den der hl. Ignatius von Loyola in seinen Exerzitien gibt. In Zeiten der „Trostlosigkeit", also der Krise, soll man eine grundlegende Entscheidung seines Lebens nicht widerrufen, sondern warten, bis sich der Sturm im eigenen Inneren gelegt hat.[22] Die Krise ist keine geeignete Zeit für Entscheidungen. Da gilt es, einfach treu auszuhalten, im Vertrauen auf den Beistand des Heiligen Geistes.

Ignatius gibt aber noch einen zweiten Rat: dem Gebet mehr Raum geben, intensiver üben.[23] Die „Trostlosigkeit" kann gerade daher rühren, dass wir auf unserem geistlichen Weg an die Mauern unseres inneren Gefängnisses gestoßen sind. Wir fühlen uns unbehaglich, alles ist trocken und mühsam, weil wir instinktiv davor zurückschrecken, dieses Gefängnis zu verlassen. Gerade hier ist die Ermutigung durch einen erfahrenen Begleiter wichtig.

Geduldig warten können

Geduld ist nicht die Stärke von uns Menschen. Wir wollen Resultate sehen. Wenn nicht gleich, dann aber nach absehbarer Zeit. Als ich nach mehr als zwanzig Jahren Ordensleben durch meine Kapitulation empfänglicher wurde für das, was Gott in mir bewirken will, verspürte ich zunächst eine große Traurigkeit. Warum hat das so lange gedauert? Habe ich die ganze Zeit alles falsch gemacht? Waren das verlorene Jahrzehnte, die hinter mir liegen? Irgendwann verstand ich, dass dem nicht so ist. Wenn Jesus erklären wollte, was es mit dem Reich Gottes auf sich hat, gebrauchte er oft Vergleiche aus der Natur. Er erzählte von der Saat, die ein Bauer ausstreute (vgl. Mk 4,26–29). Doch dann kann er nichts weiter machen. Das Wachstum liegt nicht in seiner Hand. Er muss warten und kann nur staunend wahrnehmen, wie von selbst etwas wächst. Seine Aufgabe ist dann wieder die Ernte. Jesus betont in seinen Gleichnissen eine große Gewissheit, dass trotz vieler Widerstände und Schwierigkeiten eine reiche Ernte zu erwarten ist.

Geistliche Prozesse sind Wachstumsprozesse. Wer sich ein Buch über das Gebet kauft und glaubt, darin eine Anweisung finden zu können, wie er in kurzer Zeit etwas erreichen kann, der irrt. Gebet kann man nicht machen. Wir brauchen es auch nicht zu machen, der Heilige Geist tritt ja für uns ein. Es gibt aber vieles in uns, was den Heiligen Geist in seinem Wirken behindert. Und doch: Wir können gewiss sein, er ist schon in uns, so wie die Saat im Boden ist. Auch wenn wir noch nichts von seinem Wirken spüren, sollten wir in der Gewissheit beten, dass die Saat aufgehen und reiche Frucht bringen wird. Wie und wann – das liegt nicht in unserer Hand. Aber wir dürfen Jesu Optimismus teilen: Die Saat ist von solcher Qualität und Kraft, dass sie sicher Frucht tragen wird in einem überreichen Maß.

Ein Beispiel für das geduldige Warten gibt uns Maria, die Mutter Jesu. In den Evangelien des Lukas und des Matthäus wird uns erzählt, was ihr bei der Schwangerschaft und nach der Geburt Jesu über ihn offenbart wird. Großartige Ankündigungen: Ihr Sohn ist der Retter der Welt, der erwartete Erlöser. Es wird mit großem Nachdruck davon erzählt, wie diese Botschaft viele Menschen begeistert und zu starken Glaubensbekundungen veranlasst, die Hirten, die Sterndeuter, Simeon und Hanna im Tempel. Inmitten des Jubels all dieser Menschen erscheint Maria seltsam in sich gekehrt. Lukas berichtet: „Maria aber bewahrte alles, was geschehen war, in ihrem Herzen und dachte darüber nach" (Lk 2,19). Und dann passiert lange Zeit nichts. Es wird uns noch von einem Vorkommnis im Tempel berichtet, als Jesus zwölf Jahre alt ist. Maria und Josef verstehen das Verhalten ihres Sohnes nicht. Aber auch hier wird wieder als Reaktion Mariens festgehalten: „Seine Mutter bewahrte alles, was geschehen war, in ihrem Herzen" (Lk 2,51). Und dann passierte offensichtlich nichts, was der Rede wert war. Es dauerte Jahrzehnte, bis Jesus dann öffentlich auftrat. Was war in der Zwischenzeit geschehen? Das ganz normale menschliche Leben. Jesus war Mensch wie wir alle. Wie ging es aber in diesen Jahren seiner Mutter? Mit all diesen Verheißungen und Offenbarungen, die sie in der Zeit von Schwangerschaft und Geburt über ihn erfahren hatte – wird sie sich da nicht gefragt haben, wann das endlich sichtbar würde? Wurde sie irgendwann nicht ungeduldig? Wir wissen es nicht. Das Zeugnis der Evangelien macht nur deutlich: Sie blieb ihrem Sohn treu, auch wenn sie vieles nicht verstand. Treu bis unters Kreuz. Empfänglich für die Botschaft der Auferstehung und für die Gabe des Heiligen Geistes.

Alles, was geschieht, im Herzen bewahren und darüber nachdenken. Das nennt man Meditation oder Kontemplation. Es ist die Haltung des geduldigen, erwartungsvollen, treuen Wartens darauf, dass die Saat aufgeht und der Keim die Erde durchstößt und sichtbar wird. Warten in der Gewissheit, dass es eine reiche Ernte geben wird. Allen Widrigkeiten und Schwierigkeiten zum Trotz.

Nährender Boden für dein Reich

Dein Reich komme.
Ich will dir Boden sein,
empfänglich für das kleine Korn,
das Verwandlungskraft in sich trägt.

Ungeahnte Fülle du,
verborgen, unscheinbar und leicht,
übersehbar, bodennah,
ohne Achtung schnell zertreten.

Du bittest mich, dir Raum zu geben,
in dem du dich entfalten kannst.
Aufbrechen, keimen, wachsen, reifen,
dem Licht entgegen, das du selber bist.

In mir als Boden willst du dich einwurzeln.
Dich zu bergen und zu nähren
wird für mich der Lebenssinn.
Staunend darf ich spüren, wie du mich verwandelst.

Aus mir heraus wächst ein kleiner Spross,
kaum zu erahnen, welche Größe in ihm steckt,
will Früchte tragen für die Welt,
dreißig-, sechzig- oder hundertfach.

Also nicht für ein Millionenheer,
nur für eine Hundertschaft
soll Nahrung werden aus dem Korn,
das tief in mir nach Reife strebt.

Die ganze Welt zu retten
erwartest du nicht von mir.
Du willst mich gar bewahren
vor solchem leeren Größenwahn.

Frucht bringen wirst du,
genährt von mir.
Dreißig-, sechzig-, hundertfach
will dein Reich kommen auch durch mich.

Beten kann man auf vielerlei Weise

Wie betet man richtig?

Es muss wohl mit meiner Schulausbildung zu tun haben, dass ich lange Zeit die Vorstellung hatte, man könnte verschiedene Weisen des Betens als richtig oder falsch beurteilen. So wie es in der Schule bei den Klassenarbeiten eben auch nur „richtig" und „falsch" gab.

Heute bin ich bei der Beurteilung von Gebetsformen sehr zurückhaltend geworden. Nicht alles ist für mich selbst eine geeignete Weise des Betens, aber das heißt noch lange nicht, dass es falsch wäre, so zu beten. Wenn mich jemand nach meiner Meinung zu seiner Weise des Betens befragt, versuche ich herauszufinden, worauf das Gebet bei diesem Menschen hinzielt. Was möchte jemand durch seine Gebete erreichen? Möchte er sich schützen vor einer Gottheit, die ihm Angst macht? Oder glaubt er, Gott habe ihm Pflichten auferlegt, die er erfüllen müsse, um eine Bestrafung zu vermeiden? Jesus lädt uns zu einem Gebet des Vertrauens ein. Unser Gebet soll sich an den himmlischen Vater richten, dessen Liebe zu uns grenzenlos ist. So wie der Vater zweier Söhne, von dem Jesus in seinem berühmten Gleichnis erzählt (vgl. Lk 15,11–32). Als ihn der jüngere Sohn innerlich für tot erklärt und darum sein Erbe einfordert, lässt er sich darauf ein. Er gibt seinem Sohn, was er fordert, und lässt ihn ziehen. Aber er wartet sehnsüchtig auf seine Rückkehr. Als dann der Sohn abgebrannt und mehr tot als lebendig zurückkommt, lässt er ihn gar nicht richtig zu Wort kommen. Er wartet nicht auf Worte der Entschuldigung oder

Akte der Reue. Er läuft dem Sohn entgegen, fällt ihm um den Hals und setzt ihn wieder in seine Sohneswürde ein. Sein anderer Sohn kann das überhaupt nicht verstehen. Das ist doch ungerecht. Braves Verhalten muss belohnt und schlechtes Verhalten bestraft werden. Wie kann der Vater sich so verhalten?

Ob für den Beter sein Gebet Pflichterfüllung, Entschuldigung und Rechtfertigung oder liebende Begegnung ist, hängt vom eigenen Gottesbild ab. Jesus ermutigt uns immer wieder, unsere engen Vorstellungen von Gott loszulassen. „Metanoeite" (Mk 1,15), ruft er gleich zu Beginn seines öffentlichen Auftretens den Menschen zu. Ich finde die verbreitete Übersetzung „Kehrt um" viel zu schwach. Ich übersetze für mich umschreibend: „Denkt auf einer anderen Ebene, auf einer Meta-Ebene, von Gott!"[24] Wir dürfen es wagen, an einen Gott zu glauben, der uns ohne Vorbedingungen liebt. Unser Beten sollte ein Versuch sein, diesem Gott näher zu kommen, ihm Raum zu geben in unserem Herzen. In welcher Weise das geschehen kann – da gibt es kein Standardmodell, das für alle passend ist. So wie es viele Kulturen und Lebensformen gibt, so gibt es auch viele Formen des Gebets. Auf meinen Reisen in andere Länder habe ich gelernt, auch bei der Beurteilung von Gebetsformen größer und weiter zu denken.

Es war bei einem Besuch in Rumänien. Unser Gastgeber führte uns zu einem Klosterdorf, in dem eine große Anzahl schwarz gekleideter orthodoxer Nonnen lebte. Eine Schwester führte uns durch die Anlage und erklärte uns ihre Lebensweise. Ich fand sie sofort sympathisch. Ich weiß nicht, warum, aber ich hatte gleich das Gefühl, dass sie „authentisch" ist. Ich nahm ihr ab, dass sie mit Gott in Kontakt steht. Was die Nonne uns dann aber über ihr Gebetsleben erzählte, stieß mich ziemlich ab. Mit großer Begeisterung erzählte sie davon, wie viele tiefe Verbeugungen sie am Tag mache. Und richtig euphorisch wurde sie, als sie von einer Mitschwester berichtete, die nach ihrer Ansicht im geistlichen Leben schon weit fortgeschritten war. Sie mache täglich doppelt so viele Verbeugungen wie sie selbst.

Seit meiner Schulzeit verbinde ich mit sportlichen Übungen Qualen und Unwohlsein. Ich konnte mir beim besten Willen nicht vorstellen, wie man so tagaus, tagein beten könnte. Und noch weniger, dass Gott ein solches Beten von uns erwarten würde. Am nächsten Tag war ich zu Gast in einem orthodoxen Männerkloster und konnte dort am Gebet teilnehmen. Es schien mir eine einzige, nicht enden wollende Kette von „Kyrie eleison"-Rufen zu sein. Monoton, langweilig, anstrengend. Wieder sperrte sich alles in mir gegen eine solche Art des Betens. Und doch. Wenn ich die Mönche so betrachtete, hatte ich das Gefühl, dass sie sich wohl fühlten bei ihrem Gebet. Dass ich der Einzige war, der sich fragte, wie viele „Kyrie eleison"-Bitten denn noch folgen würden.

Mit einem Male veränderte sich mein Blick. Es war, als ob jemand in einem finsteren Raum ein Licht angezündet hätte. Ich begriff: Es gibt nicht richtig oder falsch beim Gebet. Für diese orthodoxen Ordensleute ist ihre Art des Betens stimmig. Es ist ein Beten, das sie in Beziehung zu Gott bringt. Gott lässt sich darauf ein, denn er freut sich über jeden, der ihm Einlass gewährt in sein eigenes Leben. Um selbst mit Gott in Kontakt treten zu können, muss ich die Nonnen und Mönche aus Rumänien nicht imitieren. Für sie ist ihre Art des Betens passend. Für mich wären unzählige Verbeugungen und immer gleiche monotone Gebetsanrufungen nicht das Richtige. Ich muss auch nicht so

beten. Aber ich sollte gut hinspüren, welche Art des Betens
für mich stimmig ist. Wie ich Gott eine Tür zu meinem
Leben öffnen kann.

Der hl. Ignatius von Loyola hat in einem Brief an den Her-
zog Francisco de Borja wichtige Erfahrungen mit dem
Gebet mitgeteilt.[25] Am bedeutendsten scheint mir der Hinweis: Wenn es auch verschiedene Gebetstufen gibt, „so ist
doch für jegliches Individuum derjenige Teil viel besser, wo
Gott unser Herr sich mehr mitteilt." Das ist für Ignatius
das entscheidende Kriterium für die angemessene Gebets-
weise: Durch welche Art des Betens ist am besten Kommunikation mit Gott möglich? Darum ermutigt Ignatius
dazu, verschiedene Gebetsweisen auszuprobieren und
nachzuspüren, welche mehr Frucht bringt.

Das geht nicht auf Deutsch

In vielen Religionen wird gebetet, indem immer die gleichen Worte wiederholt werden. In den letzten Jahren wird
das aus der orthodoxen Tradition stammende „Jesusgebet"
von immer mehr Menschen für sich entdeckt. Ein mono-
tones Wiederholen immer gleicher Gebetsanrufungen kennen wir auch aus der katholischen Gebetstradition. Beim
Rosenkranzgebet wird, unterbrochen von einigen „Ehre
sei dem Vater-Gebeten" und dem „Vater unser" insgesamt
fünfzigmal das „Gegrüßet seist du, Maria" gebetet. In meiner Familie spielte der Rosenkranz keine Rolle. Ich lernte
ihn erst als Messdiener kennen und fand damals überhaupt
keinen Gefallen daran. Ich war die ganze Zeit damit beschäftigt, mich beim Abzählen der Gebetsperlen nicht zu
vertun. Schlimm fand ich auch, wenn das Gebet in einem

monotonen Leierton gebetet wurde. Das kam mir wie ein unandächtiges, oberflächliches Beten vor. Das betonte Beten jeder Gebetsanrufung war aber einfach nur anstrengend.

Später im Studium erlebte ich bei meinen Mitbrüdern eine „moderne" Form des Rosenkranzgebetes. Die Vorbeter bemühten sich stets, sehr betont und ruhig die Gebetsbitten vorzutragen. Um der Langeweile abzuhelfen, lasen sie zwischen den einzelnen Gesätzen besinnliche Texte vor oder stimmten ein Lied an. Damals fand ich das recht hilfreich. So war die Monotonie der ständigen „Gegrüßet seist du, Maria"-Rufe einigermaßen zu ertragen.

Heute geht es mir anders. Wenn ich jetzt zum Rosenkranz eingeladen werde, versuche ich vorher herauszufinden, wie denn da gebetet wird. Wird das Gebet auch richtig schön heruntergeleiert in einem monotonen Singsang? Dann komme ich gerne. Am liebsten aber bete ich den Rosenkranz in einer fremden Sprache.

Ich war vor einigen Jahren als Gastdozent an der Theologischen Hochschule meines Ordens auf der zu Indonesien gehörenden Insel Flores tätig. An einem Wochenende wurde ich zu einem bibelpastoralen Regionaltreffen auf die Nachbarinsel Timor eingeladen. Ich hielt dort einen kleinen Vortrag in englischer Sprache. Als später die Teilnehmer miteinander in ihrer Muttersprache über aktuelle Probleme diskutierten, verabschiedete ich mich höflich, da meine Sprachkenntnisse zu gering waren, um den Gesprächen folgen zu können. Ich nutzte die freie Zeit zu einem Spaziergang. Direkt neben dem Pastoralzentrum lag das bischöfliche Knabenseminar. Ich schaute mich dort ein wenig um und ging im parkähnlichen Gelände spazieren. Plötzlich standen ein paar vielleicht zwölfjährige Jungen vor mir und sprachen mich freundlich an. Es machte ihnen sichtlich Freude, im Gespräch mit mir ihre bescheidenen Englischkenntnisse auszuprobieren. Nachdem wir uns ein wenig voneinander erzählt hatten, luden sie mich ein, sie zu ihrer Mariengrotte zu begleiten. Ich nahm die Einladung höflich an, war dann aber überrascht, dort von einer immer größer werdenden Schar von Schülern umringt zu werden. Es war der Marienmonat Mai, und sie hatten sich eingefunden, um miteinander den Rosenkranz zu beten. An ein Entkommen war nicht mehr zu denken. Umringt von vielen Schülern, aus denen ich mit meinen fast zwei Metern Körperlänge wie ein Leuchtturm herausragte, musste ich wohl oder übel mitmachen. Aber welche Entdeckung: Befreit von der Qual, über die Bedeutung der Worte nachzudenken, die wir beteten, konnte ich mich richtig fallen lassen in das Gebet: „Salam Maria, penuh rahmat, Tuhan sertamu, terpujilah engkau di antara wanita ..." Ich wusste ja, worum es in dem Gebet ging. Das genügte. Das in einem wohligen Leierton von den Schülern gesprochene Gebet versetzte mich in eine meditative Stimmung. War ich richtig weggetreten? Auf jeden Fall merkte ich irgendwann, wie mich einer meiner kleinen Gastgeber am Ärmel zupfte. Das Gebet sei nun zu Ende, sie müssten jetzt zum Abendessen gehen. „Ja, sicher", sagte ich, „ich muss ja auch zurück zu meiner Tagung." Ich bedankte mich und ging verzaubert meiner Wege.

Einige Wochen später erlebte ich, dass auch andere ähnliche Erfahrungen machen durften. In unserem Missionshaus trafen sich einige junge Leute, die vor kurzem von einem einjährigen Einsatz als „Missionar(in) auf Zeit" zurückgekehrt waren, um miteinander ihre Erfahrungen auszutauschen. Als ich am späten Abend einen Tagungsraum für den nächsten Tag herrichten wollte, traf ich dort zwei junge Frauen an, die es sich gerade auf einigen Decken richtig gemütlich gemacht hatten. Ob sie wohl hierbleiben dürften, fragten sie mich. Sie wollten miteinander den Rosenkranz beten. „Natürlich geht das", sagte ich und ging schnell hinaus. Am nächsten Tag kam ich mit den beiden ins Gespräch. Sie sagten, dass sie früher nie den Rosenkranz gebetet hätten. Aber jetzt hatten sie eine große Sehnsucht danach, miteinander zu beten, so wie sie es bei den Bäuerinnen und Bauern in Südamerika gelernt hatten. „Und sonst betet ihr den Rosenkranz nicht?", fragte ich nach. „Nein, das geht nur auf Spanisch", sagten sie lachend. Auf Deutsch sei das ein einziger Krampf.

Wenn Sie auch so ein Kopfmensch sind wie ich, wenn Ihnen der Verstand es schwer macht, sich auf das Rosenkranzgebet einzulassen, versuchen Sie es einmal mit einer Fremdsprache. Vielleicht gibt es in der nächstgrößeren Stadt eine fremdsprachige Gemeinde, die Sie besuchen können. Probieren Sie es doch einmal aus. Vielleicht geht es Ihnen dann wie mir: Wenn der Verstand sich nicht länger mit den immer gleichen Worten beschäftigen muss, kann es eine echte Überraschung sein, zu erleben, wie schön ein geleiertes Gebet sein kann.

Ein kleiner Nachtrag noch. Einige Wochen nach dem Erlebnis im Knabenseminar kam ich wieder auf die Insel Timor. Vom Flughafen der Inselhauptstadt aus hatte ich einen Weiterflug auf die Insel Java. In der Abflughalle sprach mich ein Jugendlicher an. Er stellte sich als Absolvent des Knabenseminars vor. Er kenne mich, sagte er. Wir hätten doch vor ein paar Wochen zusammen an der Mariengrotte gebetet. Er hatte gerade das Abitur gemacht und wollte jetzt auf die Insel Java, um dort ein Studium aufzunehmen. Es war der erste Flug seines Lebens und er war sichtlich nervös. Er wich die ganze Zeit nicht mehr von meiner Seite, bis wir den Flughafen in Yogyakarta erreicht hatten. Ich war für ihn wie ein alter Bekannter, dem er sich anvertrauen konnte. Wir hatten zusammen gebetet – ich war für ihn kein Fremder mehr.

Gott spricht zu uns durch die Heilige Schrift

Lange Zeit hat die katholische Kirche eine recht einseitige Vorstellung davon gehabt, wie Gott durch die Heilige Schrift zu uns spricht. Man betrachtete die Bibel als einen Behälter, in dem inmitten der menschlichen Texte göttliche Wahrheiten zu finden sind. Das kirchliche Lehramt sah es als seine Aufgabe an, diese Wahrheiten gleichsam herauszufiltern, sie in Lehrsätzen zusammenzufassen und an die Gläubigen weiterzugeben. Eigentlich war es daher nicht nötig, dass die normalen Christen die Bibel lasen. Man befürchtete sogar, eine solche Lektüre könnte sie unnötig verwirren. Deswegen fasste man die vielstimmige Überlieferung in einer fortlaufenden „biblischen Geschichte" und in Katechismussätzen zusammen, die leichter zugänglich waren als die widersprüchlichen biblischen Bücher.
Das Zweite Vatikanische Konzil hat im Jahr 1965 in der Konzilskonstitution „Dei Verbum" ein anderes Offenbarungsverständnis gelehrt, dass viel mehr den biblischen Texten entspricht. Die Bibel ist ein Medium der Kommunikation zwischen Gott und den Menschen. So heißt es in „Dei Verbum": „In den Heiligen Büchern kommt ja der Vater, der im Himmel ist, seinen Kindern in Liebe entgegen und nimmt mit ihnen das Gespräch auf" (DV 21).

Mit der Frage, wie dieses Gespräch mittels der Heiligen Schrift möglich ist, habe ich mich als Bibelwissenschaftler intensiv beschäftigt. Ich möchte das hier nicht weiter ausführen, sondern nur berichten, dass ich immer wieder die Erfahrung mache, dass dieses Gespräch wirklich möglich ist. Eine Bibellektüre, die damit rechnet, mittels der alten Texte mit Gott in Kontakt zu kommen, nennt man in der Kirche „Lectio Divina". Wörtlich müsste man das als „göttliche Lesung" übersetzen. Besser scheint mir die Übersetzung „Gottbezogene Lesung" oder eben umschreibend „Lesung, die damit rechnet, mit Gott ins Gespräch zu kommen". Wichtig ist dabei, dass ich nicht jedes Wort, das mir in den biblischen Büchern begegnet, als von Gott diktiertes Wort betrachte. Die Bibel ist „Gotteswort in Menschenwort". Sie besteht aus Büchern, die von Menschen geschrieben, bearbeitet und übersetzt wurden. Damit unterliegt sie allen Bedingungen menschlicher Kommunikation durch Texte.

Was kennzeichnet eine „Lectio Divina"? Der Kartäusermönch Guigo hat im 12. Jahrhundert vier grundlegende Schritte benannt: Gebet, Lesung, Meditation und Kontemplation. Während sich in Gebet und Kontemplation die Aufmerksamkeit in erster Linie auf Gott richtet, gilt sie in Lesung und Meditation dem Text, der von Menschen unter bestimmten geschichtlichen und kulturellen Bedingungen verfasst wurde. Zunächst sollte ich mich bemühen, dem Text viel Raum zu geben, um ihn in allen seinen Einzelheiten wahrzunehmen und zu verstehen. Erst dann sollte ich nachspüren, wo ich mich von dem Text angesprochen oder herausgefordert fühle. Ich betrachte dann mein Leben mit den Augen des Textes. Die biblischen Texte können mir zur Sprachhilfe werden, um das, was ich in meinem Leben von Gottes Wirken wahrnehme, ins Wort zu fassen und damit für mich selbst auch begreifbar zu machen.

Dies ist nicht etwas, was im „Instant-Verfahren" geschieht. Durch häufige Bibellektüre und das Beten biblischer Gebete (vor allem der Psalmen) wird gleichsam in meinem Inneren ein Vorrat an biblischen Wörtern und Bildern geschaffen. Dieser Vorrat kann dabei helfen, leichter zu verstehen, wie Gott durch das Leben zu uns spricht.

Ein afrikanischer Mitbruder erzählte mir von einer Erfahrung, die sein Leben verändert hat. Als junger Seminarist hatte er eine schwere Glaubenskrise. Auf einmal hatte er jeden inneren Kontakt zu Gott verloren. Es schien ihm, als ob Gott stumm geworden wäre, als ob er sich für ihn überhaupt nicht mehr interessieren würde. War sein ganzer Glauben nur eine Illusion gewesen, sollte er wirklich den Weg im Orden und Priesterseminar fortsetzen?

Eines Tages musste er wegen einer bestimmten Angelegenheit zum örtlichen Krankenhaus gehen. Er zog sich nicht um, sondern ging im weißen Talar der Seminaristen dorthin. Am Eingang des Krankenhauses kam eine Frau auf ihn zu und drückte ihm ihr Baby in die Hände. „Nehmen Sie mein Kind!", bat sie ihn. Er nahm den Säugling in seine Hände und betrachtete es: Mit einem Blick erkannte er, dass das Kind im Sterben lag. Zusammen mit der Mutter drängte er sich im Krankenhaus nach vorn hin zum leitenden Arzt. Ja, das Kind lag im Sterben, es brauchte sofort eine Bluttransfusion, stellte der Arzt fest. Aber sie hätten keine Blutkonserven mehr. Sie müssten zu dem zweiten Krankenhaus fahren, das es in jener Stadt gab. Mit dem Säugling und seiner Mutter eilte der Seminarist hinaus und rief ein Taxi. Während der ganzen Fahrt weinte die Mutter herzzerreißend. Und mit einem Mal klang in ihm ein Bibelvers wieder, den er schon oft gelesen hatte: „Zion sagt: Der Herr hat mich verlassen, Gott hat mich vergessen. Kann denn eine Frau ihr Kindlein vergessen, eine Mutter ihren leiblichen Sohn? Und selbst wenn sie ihn vergessen würde: ich vergesse dich nicht" (Jes 49,14–15).

Mit einem Mal waren seine Zweifel und Ängste verschwunden. Er hatte mit dem Herzen begriffen, wie sehr Gott ihn liebt. Seit jenem Tag sind seine Glaubenszweifel nie wiedergekehrt, die Liebe Gottes ist ihm zur Gewissheit geworden. Sie erreichten übrigens noch gerade rechtzeitig das andere Krankenhaus und das Kind konnte durch Bluttransfusionen gerettet werden.

Bibel und Leben haben sich gegenseitig beleuchtet. Hätte der junge Mann nicht durch häufige Bibellektüre diese Sätze in seinem Inneren gespeichert, die Erfahrung mit der verzweifelten Mutter wäre nicht zu einer Botschaft Gottes an ihn geworden. Sie hätte ihn wohl angerührt, wäre aber sprachlos geblieben. Erst die Bibelworte brachten in ihm zur Sprache, was Gott durch das Leben zu ihm sagte. Ohne diese Erfahrung wäre aber auch die Bibellektüre nur ein trockenes Lernen von Aussagen über Gott geblieben. Der Sinn der Bibelverse wurde erst durch den Resonanzkörper des Lebens hörbar und verstehbar.

Psalmen in Pop und Rock

Die meiste Zeit des Tages verbringe ich in der Stille. Das war nicht immer so. Zwar habe ich mich niemals der Dauerberieselung mit Musik ausgesetzt, wie es heute viele Menschen machen. Doch die Songs von Liedermachern aus Deutschland, Nord- und Südamerika haben mich sehr lange intensiv begleitet. Viele dieser Lieder habe ich auch selbst immer wieder mit Gitarrenbegleitung gesungen. Ich legte Wert auf Texte mit Tiefgang. Wort und Melodie mussten eine Einheit bilden und mich ansprechen. Jetzt, wo ich der Stille viel Raum geben kann, nehme ich staunend wahr, wie tief diese Lieder in meinem Unterbewusstsein verankert sind und wie sie – genau wie die Psalmen – zur Sprachhilfe im Dialog mit Gott werden.

Ich wache am frühen Morgen auf. In meinem Kopf spielt in Endlosschleife ein Lied von Udo Lindenberg. Wo kommt das plötzlich her?, frage ich mich. Ich erkenne es gleich. Es stand in einem Liederbuch, das ich Mitte der 1980er Jahre erworben habe. Es sind sicher mehr als zehn Jahre vergangen, seit ich dieses Lied zum letzten Mal gesungen habe. Doch jetzt ist es da. Mit Strophe und Refrain, textsicher. Ich stehe auf und gehe unter die Dusche. Nach dem Anziehen setze ich mich in die Gebetsecke. Das Lied ist immer noch da. Ich lausche auf seine Worte. Eigenartig. Ich könnte Wort für Wort unterschreiben. „So empfinde ich gerade für dich, Gott", betet es in mir. „Oder spielt meine innere Jukebox dieses Lied, weil du mir etwas sagen willst?" Ich höre noch einmal genau zu. „Wenn das stimmt, wenn das deine Botschaft an mich ist, so schnoddrig dahingesagt, aber zielgenau auf meine Herzmitte ausgerichtet …" Ich fühle mich ganz und gar ergriffen. Nach der Stunde des morgendlichen Stillegebets mache ich mir das Frühstück. Das Lied ist verschwunden.

Lieder, die wie aus dem Nichts auftauchen. Refrains von Popsongs, die wie ein Mantra in mir singen und mir zur Sprachhilfe werden, wenn ich stammelnd zu beten versuche. Es passiert mir immer wieder, wenn ich der Stille und dem Schweigen viel Raum gebe. Früher war das oft in

Exerzitien so. Plötzlich kam ein Lied in mir hoch, das wir schon oft in unseren Studentengottesdiensten gesungen haben. Lieder, die ich sang, ohne viel darüber nachzudenken. Sie waren einfach schön. Und dann begannen sie irgendwann in mir zu sprechen. Kann sein, dass man das psychologisch alles erklären kann. Glauben heißt, zu deuten wagen. Die Wahrheit meiner Deutung wird das Leben zeigen. Und so ist es immer wieder geschehen. Ich staune. Gott spricht also nicht nur die alte Sprache der biblischen Psalmen. Er kann das auch in Pop und Rock.

Der Wert intuitiver Erkenntnis

Nach meinem Theologiestudium durfte ich für zwei Jahre in dem Bibelzentrum meines Ordens in Nicaragua mitarbeiten. Bei den Bibelgruppen in den Basisgemeinden in unserer Pfarrei in der Hauptstadt Managua und bei zahlreichen Bibelkursen in verschiedenen Landesteilen konnte ich erleben, wie Menschen durch die Bibellektüre Orientierung für ihr Leben finden konnten. Nur wenige von ihnen hatten eine solide schulische Bildung, viele konnten nur mit Mühe lesen und schreiben. Für die Deutung der Bibeltexte standen ihnen nur ihre eigenen Lebenserfahrungen sowie die intuitive Erkenntnisweise zur Verfügung. In diesen Bibelgruppen wurde nicht nur „fromm" geredet; die Gruppen in unserer Pfarrei waren der Motor der Pastoralarbeit und setzten viele Initiativen in Gang.

In meiner späteren wissenschaftlichen Arbeit habe ich mich intensiv mit der Bibellektüre der Armen auseinandergesetzt. Hat dieser Zugang seine Berechtigung, hat er auch einen Wert für die ganze Kirche? Oder ist er nur etwas sehr

Subjektives, immer in der Gefahr, den Bibeltext falsch zu deuten? Braucht es die Kontrolle durch die Priester und Bibelwissenschaftler, die darauf achten, dass der Text auch richtig verstanden wird? Oder können die Wissenschaftler und Geistlichen umgekehrt etwas von den Armen lernen? In der Beschäftigung mit den Einsichten von Wissenschaftstheorie und philosophischer Erkenntnislehre konnte ich den Wert des intuitiven Zugangs, der von den einfachen Leuten gepflegt wird, neu entdecken. Intuitives, erfahrungsbezogenes Erkennen war mir in meiner eigenen schulischen und universitären Ausbildung nicht beigebracht worden. Als mir der Wert dieses Zugangs klarer wurde, begann für mich selbst ein Lernprozess. Ich suchte nach Wegen, wie ich besser auf meine eigenen Intuitionen achten kann.

Ich halte das intuitive Erkennen für sehr hilfreich bei der „Lectio Divina", der geistlichen Bibellesung. Ich habe entdeckt, dass mein Körper mir dabei eine wichtige Hilfestellung leistet. Ich habe einen sehr niedrigen Blutdruck und mein Kreislauf braucht deshalb morgens oft längere Zeit, um richtig in Gang zu kommen. Mit wissenschaftlichen Arbeiten beschäftige ich mich darum selten vor neun Uhr morgens. Was ich lange für einen Nachteil gehalten habe, entpuppte sich als ein großer Vorteil. Morgens nach dem Waschen lese ich bei einer Tasse Kaffee die biblischen Lesungen der Tagesliturgie. Mein müder Verstand ist zu einem vertieften Bedenken der Texte noch nicht fähig, so komme ich auch nicht in Versuchung, die Texte mit den Augen eines Bibelwissenschaftlers zu betrachten. Ich lese einfach die Texte und spüre nach, ob mich irgendetwas daran anrührt. Dies kann ein positives Empfinden sein, aber ebenso Ärger und Widerspruch. Ich denke nicht darüber nach, warum das so ist, sondern wähle einen Satz aus, der mir

besonders auffällt, und notiere ihn in meinem Bibeltage-
buch. Oft wird solch ein Satz zu einem Schlüssel, der mir
einen neuen Zugang zu einem längst bekannten Text ver-
schafft. Er eröffnet neue Fragestellungen, die ich dann später am Tag in der Vorbereitung von Predigten oder
Vorträgen durchaus mit wissenschaftlichen Mitteln zu beantworten suche. Ich bin aber auch immer wieder überrascht, wie bedeutsam manche dieser intuitiv ausgewählten
Verse für mein persönliches Glaubensleben werden.

Ein intuitives Zugehen auf Bibeltexte wird auch in vielen
Methoden des „Bibel-Teilens" angeregt. Nach einem ersten Lesen des Textes sollen die Teilnehmer Worte oder Verse
wiederholen, die ihnen beim Hören irgendwie aufgefallen
sind – ob positiv oder negativ, spielt keine Rolle. Dieses
„Echo-Lesen" ist beileibe nicht nebensächlich oder nur ein
Vorspiel für die eigentliche Beschäftigung mit dem Text. Es
lohnt sich, solchen intuitiv ausgewählten Versen später in
der Meditation oder bei einer „Bibelarbeit" nachzugehen.

Den Intuitionen trauen

Intuitives Erkennen war mir lange verdächtig. Ich setzte es
mit Aberglauben gleich und dachte an Menschen, die ständig irgendwelche „schlechte Vorzeichen" zu erkennen meinen. Als ich lernte, mehr auf meine Intuitionen zu achten,
fiel mir dagegen auf, dass diese eine grundlegend positive
Ausrichtung haben. Es sind Intuitionen, die mich veranlas-
sen, bei der Wahl zwischen zwei gleich guten Möglichkeiten eine Entscheidung zu treffen. Es sind Intuitionen, die
mich zu einem Verhalten bringen, das sich von meinen üb-
lichen Verhaltensmustern unterscheidet. Dieses Verhalten

muss an sich nicht außergewöhnlich sein, nur bezogen auf meine übliche Vorgehensweise fühlt es sich ungewohnt und überraschend an.

Ich möchte zwei Beispiele geben. Ich arbeite derzeit als Seelsorger an der „Autobahn- und Radwegekirche St. Paul" in Wittlich. Gewöhnlich halte ich mich nachmittags für einige Zeit in der Kirche auf. Ich nutze diese Zeit zum betenden Verweilen in der Gegenwart Gottes. Häufig stelle ich aber auch eine kleine Hinweistafel auf, durch die ich Kirchenbesucher dazu ermutige, mich anzusprechen, wenn ihnen ein Gespräch mit einem Seelsorger gut täte. Es kommt immer wieder vor, dass mehrere Tage vergehen, ohne dass mich jemand um ein Gespräch bittet. Und dann ergeben sich bedeutende Gespräche zu Zeiten und unter Umständen, die außerhalb meiner Planungen liegen. So wollte ich an einem herrlichen Spätsommertag am Nachmittag zum Gebet gehen. Auf dem Weg zur Kirche spürte ich die wärmenden Strahlen der Sonne auf meiner Haut. Sollte ich mich jetzt wirklich in die kalte Kirche setzen? „Ich muss das nicht, ich bin nicht dazu verpflichtet", ging es mir durch den Kopf. „Ich könnte mich doch an den nahegelegenen See setzen und das herrliche Wetter genießen!" Schon oft habe ich dort intensive Stunden des Gebets erlebt. Aber etwas in mir sagte: „Geh trotzdem in die Kirche!" Ich wusste nicht, warum ich das tun sollte. Ich konnte mit dieser inneren Stimme nicht diskutieren. Aber es kostete mich auch nichts, ihr nachzugeben. „Ich weiß nicht, warum, aber ich mache das jetzt." Ich ging in die Kirche, stellte mein Schild auf und verzog mich auf die Orgelempore, wo ich gerne meine Gebetszeiten verbringe. Nach kurzer Zeit hörte ich, wie jemand die Treppe emporstieg. Eine Frau sprach mich an. Sie hätte das Schild gesehen und gespürt, dass sie jetzt unbedingt mit mir sprechen wollte. Als wir dann im Gesprächszimmer zusammensaßen, brach ein jahrzehntelanger Schmerz aus ihr heraus. Jetzt war der Moment, sich das alles von der Seele zu reden. Alles nur Zufall?

Einige Monate später, es war Montag, der Tag, den ich gewöhnlich von Terminen freihalte, um meinen Hausputz und die Wäsche zu erledigen und mich ungestört dem persönlichen Gebet widmen zu können. Es war kurz vor Mittag, bald war es Zeit, das Essen zuzubereiten. Aber ich spürte in mir einen leisen Impuls, jetzt in die Kirche zu gehen. Früher hätte ich solche Intuitionen schnell beiseite geschoben und hätte zu mir selbst gesagt: „Es ist ja schön, dass ich Lust zum Beten habe. Heute Nachmittag habe ich frei, da kann ich dem ungestört nachgehen. Aber jetzt sollte ich mit dem Kochen beginnen." Doch ich hatte inzwischen gelernt, meinen Intuitionen zu trauen. „Es ist doch mein freier Tag. Ich kann auch erst um zwei Uhr das Essen kochen." Also ging ich in die Kirche und verweilte einige Zeit im Gebet. Als ich gehen wollte, kam ein junger Mann in die Kirche und kniete in der ersten Bankreihe nieder. Etwas in mir sagte: „Bleib noch hier. Vielleicht braucht er dich." Ich bin ein eher schüchterner Mensch. Ich scheue mich, auf fremde Leute zuzugehen und zu sagen: „Wollen sie vielleicht mit einem Priester reden?" So betete ich nur: „Herr, du kennst mich. Du weißt, dass ich mich scheue, den jungen Mann anzusprechen. Doch wenn du willst, dass ich für ihn da bin, dann gib ihm den Mut, auf mich zuzugehen." Nachdem eine weitere Zeit vergangen war, entschloss ich mich zum Gehen. Doch kaum hatte mich erhoben, stand auch der junge Mann auf. „Sie sind doch Priester", sprach er mich an. „Hätten Sie etwas Zeit für mich?" Nach einem tiefgehenden Gespräch kehrte ich voll Dankbarkeit und Staunen zurück in meine Wohnung. Wieder so ein schöner „Zufall".

Viele Menschen werden erst dann auf ihre intuitiven Entscheidungen aufmerksam, wenn diese außergewöhnliche Konsequenzen haben. Oft sagen sie dann, es müsse wohl ein Schutzengel gewesen sein, der sie zu einem ungewöhnlichen Verhalten drängte. Ein Mitbruder erzählte mir von einem Kindheitsereignis. Er war während des Zweiten Weltkriegs in einer Stadt im Ruhrgebiet geboren worden. Wenn dort in den letzten Kriegsjahren Fliegeralarm gegeben wurde, schnappte sich seine Mutter ihr Fahrrad, setzte ihren kleinen Sohn in den vorne angebrachten Korb und fuhr so schnell sie konnte zum nächstgelegenen Bunker. Eines Tages jedoch hielt sie mitten auf einer solchen Fahrt an. Sie wusste später nicht mehr, warum sie das tat, aber sie machte kehrt und fuhr nach Hause zurück. An diesem Tag erhielt der Bunker einen Volltreffer, alle, die sich dorthin geflüchtet hatten, kamen um.

Wofür kannst du danken?

Wer heute eine Führungsaufgabe in der katholischen Kirche in Deutschland übernehmen muss, steht häufig vor der undankbaren Aufgabe, die Strukturen den veränderten Gegebenheiten anpassen zu müssen. Wo es weniger Kirchenmitglieder und weniger Priester gibt, kann nicht alles beibehalten werden, was in früheren Jahren aufgebaut worden ist. In meiner Ordensgemeinschaft ist das nicht anders. Während meiner Amtszeit als Ordensoberer war es meine Aufgabe, innerhalb der Gemeinschaft einen Entscheidungsprozess über notwendige Schließungen bewährter Institutionen anzuleiten. Auch wenn viele Menschen an solch einer Entscheidung beteiligt sind – für die von einer Schließung Betroffenen ist es dann doch meistens der Mann an der Spitze, der „Schuld hat", gegen den sich Frust, Zorn und Verbitterung richten. Im Kopf war mir das sehr klar, als ich das selbst erleben musste. Doch der Mensch ist nicht nur Kopf.

Nach Tagen heftiger persönlicher Angriffe befand ich mich auf der Autofahrt zu einer anderen Niederlassung, wo eine weitere Schließung im Raum stand. Ich wollte dort am Abend mit Betroffenen diskutieren. Doch plötzlich überkam mich ein Gefühl der Verzweiflung. Ich spürte ein heftiges Stechen in meiner Brust und fühlte in mir nicht einmal mehr die Kraft, den Wagen an den Straßenrand zu lenken. Ich umklammerte das Lenkrad und fuhr einfach weiter. In mir kamen viele Psalmverse hoch, mit denen ich dem Herrn meine Angst, Verzweiflung und meinen Schmerz entgegen schrie. „Woher kommt mir Hilfe?" (Ps 121,1).

Plötzlich war in mir ein Gedanke, von dem ich sofort wusste, dass er unmöglich von mir selbst stammen konnte: „Wofür kannst du danken?" „Wofür ich danken kann? Herr, siehst du nicht, in welcher Lage ich mich befinde?", schrie ich ihm innerlich entgegen. Die Frage blieb aber in mir unbeantwortet stehen und ließ sich nicht verdrängen: „Wofür kannst du danken?" Langsam und zögerlich ließ ich mich darauf ein. Erst fiel es mir schwer, etwas zu benennen, aber nach und nach wurde mir offenbar, für wie vieles ich von Herzen dankbar sein konnte. Als ich nach zwei Stunden das Ziel meiner Reise erreichte, waren alle Angst und Verzweiflung aus mir verschwunden. Ich fühlte mich gelöst und beglückt. Die Diskussionsveranstaltung am Abend verlief dann auch sehr gut, keine der Befürchtungen, die ich vorher gehabt hatte, wurde Wirklichkeit. Eine Gesprächsteilnehmerin sagte nachher zu einem Mitbruder: „Ihr Oberer strahlt eine solche Ruhe aus!" Als ich das hörte, dachte ich: „Wenn die wüsste, wie ich mich kurz zuvor gefühlt habe!"

Wofür kannst du danken? Diese Erfahrung hat mich verändert. Seit diesem Tag führe ich ein Dankbarkeitstagebuch, in dem ich am Abend wenigstens drei Ereignisse notiere, für die ich wirklich dankbar bin. Aber auch mein Morgengebet hat sich verändert. Bisher war ich darin geübt, bereits beim Aufstehen deutlich wahrzunehmen, was nach meiner Einschätzung nicht gut war an diesem Morgen: Der Rücken schmerzt, die Schultern sind verspannt, meine Hausstauballergie bringt die Nase zum Kribbeln, mein Kreislauf kommt wieder überhaupt nicht in Schwung … Ich habe mich sehr oft bei meinen Morgengebeten mit solchen negativen Empfindungen beschäftigt, und sie hielten mich dann regelmäßig vom Beten ab. „Du siehst ja selbst, Herr, wie es mir geht. Ich kann so einfach nicht richtig beten!" Heute beginne ich mein Morgengebet mit einer kurzen Körperwahrnehmung. Ich nehme mir vor, nur wahrzunehmen, was sich zeigt, ohne es zu bewerten. „So bin ich heute da – so darf ich da sein." Dann bete ich ohne Worte ein Gebet des Staunens und Dankens. „Ist es nicht ein Wunder, dass ich überhaupt wieder aufgewacht bin?", frage ich mich jeden Morgen neu. Staunend nehme ich wahr, wie der Atem in mich einströmt. Ich kann das überhaupt nicht steuern, es ist reines Geschenk. Ohne den Atem könnte ich nicht leben. Ich danke für das regelmäßige Schlagen meines Herzens und nehme dann wahr, wer ich bin: eine Gemeinschaft vieler Zellen, Organe und Organismen. Wie viele Lebewesen in Mund, Magen, Darm und auf der Haut machen möglich, dass dieses Wunderwerk Körper funktioniert!? Dass ich bin. Seit ich so mein Leben betrachte, komme ich aus dem Danken kaum heraus. Und immer wieder nehme ich dann staunend wahr, dass viele meiner „Beschwerden" wie von Zauberhand verschwunden sind. Wenn ich ihnen keine Beachtung schenke, ziehen sich Verspannungen und Niesreiz wie von selbst zurück. Und wenn nicht, ist das auch kein Problem. Ich weiß ja, dass ich nicht beten kann und es auch nicht können muss. Und ich weiß, dass für den Heiligen Geist eine kleine körperliche Verspannung überhaupt kein Hindernis darstellt.

Gott spricht durch die Sinne

Als ich immer deutlicher wahrnahm, welch große Sehnsucht nach Gott in mir lebt, gab es Momente, in denen ich mit Gott zu hadern anfing. „Wie kann es sein, dass du dich nach der Begegnung mit mir sehnst und es mir gleichzeitig so schwer machst? Du weißt, wie ich als Mensch etwas wahrnehmen kann. Ich habe nun mal kein Sensorium für Übernatürliches. Doch ich kann dich nicht sehen, nicht hören, nicht riechen, nicht schmecken, nicht fühlen. Wenn du wirklich Sehnsucht nach uns Menschen hast – warum machst du es uns so schwer?"
Ich weiß nicht, ob das Gottes Antwort an mich wahr, aber als ich so innerlich mit Gott redete, kam plötzlich eine Frage in mir auf. „Wie kannst du das so einfach behaupten? Wie siehst du denn? Wie hörst du? Wie riechst du? Wie schmeckst du? Wie fühlst du?" Und ich musste mir einge-

stehen, dass ich all meine Sinne sehr oberflächlich gebrauche. Es motivierte mich dazu, meine Sinne zu schärfen. Ich verbrachte viele Stunden auf einer Parkbank am Rande eines Sees. Was glauben Sie, was man alles sehen kann, wenn man einfach für ein paar Stunden auf das Wasser schaut! Was alles an einem See zu hören ist! Nicht nur das Singen der Vögel und das Quaken der Frösche. Wissen Sie, wie verschieden es klingt, wenn der Wind mit den Blättern einer Eiche spielt und wenn eine Weide sein Instrument ist? Wie fühlt es sich an, wenn die Sonnenstrahlen Ihre Haut kitzeln? Wenn der Wind sanft Ihren Nacken umspielt? Ich habe bis heute keine himmlischen Visionen gehabt und niemals habe ich eine Stimme vernommen, die aus den Wolken zu mir sprach. Doch seit ich in die Schule des rechten Gebrauchs meiner Sinne gehe, würde ich nicht mehr behaupten, Gottes Gegenwart wäre für uns überhaupt nicht zu erfahren. „Die Himmel rühmen die Herrlichkeit Gottes, vom Werk seiner Hände kündet das Firmament. Ein Tag sagt es dem andern, eine Nacht tut es der andern kund, ohne Worte und ohne Reden, unhörbar bleibt ihre Stimme. Doch ihre Botschaft geht in die ganze Welt hinaus, ihre Kunde bis zu den Enden der Erde" (Ps 19,2–5).

Verweilen bei meinem fremden Freund

Erst wenn meine Gedanken
sich leergeplappert haben
und ich auch nicht versuche,
nun nicht mehr zu denken

Erst wenn ich mir ehrlich eingestehe,
wie kurzsichtig ich bin
und taub auf beiden Ohren,
im Fühlen und Spüren kaum bei Sinnen

Erst wenn alles aufgebraucht,
was ich an klugen frommen Floskeln
und künstlich warmen Gefühlen
hin zu DIR ins Leere schicke

Erst dann beginne ich zu hören,
dass DU schweigend zu mir sprichst.

Erst dann beginne ich zu sehen
mit den Augen meines Herzens.

Erst dann beginne ich zu fühlen
DEIN Streicheln unter meiner Haut.

Und obgleich sich dabei gar nichts ereignet,
obwohl ich nichts erhalte, was vorzuzeigen wäre,
als den Ertrag der Stunden des Verweilens

Und ich keine Worte dafür habe,
nicht einmal in Gedankensprache
für das, was da geschieht

Weiß ich, es ist wieder gut,
bei DIR zu sein,
dem fremden Freund.

Warum nur vergesse ich so schnell
und muss jeden Tag aufs Neue
lernen, wie man mit DIR spricht?

Doch in unendlicher Geduld wartest DU
und freust DICH wie ein Kind,
wenn ich endlich angekommen bin.

Dort, wo DU schon immer bist
im Hier und Jetzt.

Die wichtigste Gebetsbitte

Ich besuchte einen Mitbruder, der vor wenigen Tagen erfahren hatte, dass er Krebs im Endstadium hatte und eine Therapie keinen Sinn mehr machte. Er erzählte mir davon, dass der Arzt sehr erstaunt war, wie ruhig er auf die schlimme Nachricht reagiert habe. Er betonte, das sei kein Fatalismus. Sein ganzes Leben habe er als Priester Kranken beigestanden und ihnen Mut gemacht. Jetzt sei er dran, da könne er doch nicht plötzlich so tun, als sei ihm das Schlimmste geschehen. Nein, er sei auch wirklich innerlich sehr ruhig und vertraue sein Leben Gott an. Er berichtete mir dann von einer Erfahrung, die er als junger Missionar in einem asiatischen Land gemacht hatte. Damals hatte er plötzlich stechende Herzschmerzen. Er bat schließlich einen Mitbruder, der ein Auto besaß, ihn in die drei Autostunden entfernt liegende Provinzstadt zum Krankenhaus zu bringen. Die Schmerzen seien unerträglich gewesen. Doch plötzlich sei ihm der Gedanke gekommen, warum er sich eigentlich innerlich so aufrege. Er vertraute sich spontan Gottes Fürsorge an: „Dein Wille geschehe!" Und plötzlich sei er ganz ruhig geworden, die Schmerzen waren mit einem Mal verschwunden, während der ganzen drei Stunden Fahrt kamen sie nicht wieder. Als er mir das erzählte, musste ich sofort an ein berühmtes „Heilig-Geist-Gebet" denken, die sogenannte Pfingstsequenz. Darin heißt es: „In der Unrast schenkst du Ruh, hauchst in Hitze Kühlung zu, spendest Trost in Leid und Tod." Oft bete ich diese Verse. Diese Ruhe, diesen Trost, den der Geist schenkt, hat auch mein Mitbruder erfahren. „Dein Wille geschehe!"

„Dein Wille geschehe!" So betet Jesus und so lehrt er uns zu beten. Das „Vaterunser" ist eine Einladung, sich in die

Sorglosigkeit einzuüben, von der Jesus in der Bergpredigt so anschaulich spricht (vgl. Mt 6,25–34). Wer ganz von dem Wunsch erfüllt ist, dass Gott als Gott Anerkennung findet (dass sein Name geheiligt werde), dass sein Reich Wirklichkeit werde und deshalb sein Wille geschehe im Himmel wie auf Erden, der kann sich auch ganz auf Gott verlassen. Der weiß, dass Gott alle unsere Nöte kennt und uns geben wird, was wir wirklich brauchen: Brot für diesen Tag, verzeihende und erlösende Liebe, die Kraft gibt, selbst zu verzeihen, und die vor der Versuchung bewahrt, an Gottes Güte zu zweifeln.

Ist Stille notwendig?

Ich habe die Stille sehr liebgewonnen. Ich merke, wie sie es mir erleichtert, für Gott ganz Ohr zu sein. Aber ist Stille wirklich notwendig, um beten zu können? Ich glaube nicht. Denn auch das, was wir als Stille bezeichnen, ist kein geräuschloser Raum. Ich habe erlebt, dass ich Situationen, in denen es einen ziemlichen Geräuschpegel gab, als „still" empfand und bei anderen Momenten, bei denen es nur eine kleine Geräuschquelle gab, nicht zur Ruhe kam, weil der „Lärm" mich fortlaufend störte. Wenn ich an einem Bergbach sitze, genieße ich die „Stille" in der Natur. Dabei macht der Bach einen gehörigen Krach, mit seinem Glucksen, Strömen, Quirlen. Vögel zetern lautstark, Insekten brummen, der Wind spielt mit den Blättern. Oft halte ich mich zum Gebet in unserer Kirche auf. Geräusche von außen dringen nur sehr gedämpft in den Kirchraum. Doch kann es geschehen, dass Besucher hineinkommen und sich leise flüsternd unterhalten. Manchmal ist es mit meiner Andacht dann geschehen. Ich ärgere mich über die Geräuschquelle, und dann ärgere ich mich noch mehr über meinen Ärger. Warum kann ich dieses kleine Geräusch nicht einfach ignorieren? Mir wird bewusst: Ob etwas Lärm ist oder nicht, ist keine objektive Feststellung. Das entscheide ich in meinem Inneren. Die Bewertungsparadigmen habe ich von Kindheit an gelernt. Es gibt Geräusche, die mein Inneres als „störend" bewertet, und andere, die oft viel lauter sind, die als „schön", „harmonisch", „angenehm" gelten. Wie komme ich heraus aus dieser inneren Klassifizierung? Sicher nicht, indem ich mich auf die Geräusche konzentriere oder indem ich mich bemühe, sie bewusst zu überhören. Es ist wie bei vielem anderen auch: Wenn ich sie wahrnehme und annehme, ihnen das Existenzrecht zugestehe, verlieren sie ihre Bedeutung. Meditieren geht auch in einem vollbesetzten Großraumwagen der Deutschen Bahn.

Braucht man die Stille, um beten zu können? Von Gottes Seite aus ist Stille sicher nicht notwendig. Dies habe ich von der französischen Mystikerin Madeleine Delbrêl (1904–1964) gelernt. Ihre Biographin Annette Schleinzer berichtet: „Sie weigert sich, an einen Gott zu glauben, der die Menschen in räumliche und zeitliche Bedingungen hineinwachsen lässt, in denen es ihnen nicht mehr möglich wäre, mit ihm in liebenden Kontakt zu kommen – und nichts anderes ist Beten im tiefsten Sinne: ‚Denn in jeder Lebensform behält das Gebet eine Grundlage, die immer wieder dieselbe ist: die Beziehung eines Menschen zu seinem Gott, und diese Beziehung ist Liebe.' Liebe ist zu jeder Zeit und in allen Umständen möglich; die Abwesenheit von Menschen, der Rückzug in Einsamkeit und Schweigen sind keine unabdingbaren Voraussetzungen dafür, lieben zu können.'"[26]

Das, was uns oft als Hindernis für das Gebet erscheint –
Lärm, körperliche Beschwerden, Müdigkeit, starke Gefühle
– stellt für Gott überhaupt kein Hindernis dar. Seit ich
weiß, dass ich nicht beten können muss, kann ich ihm all
das, was ich als störend empfinde, übergeben. „Was kann
uns scheiden von der Liebe Christi? Bedrängnis oder
Not oder Verfolgung, Hunger oder Kälte, Gefahr oder
Schwert?" (Röm 8,35), fragt der Apostel Paulus in seinem
Brief an die Gemeinde in Rom. Und er antwortet mit der
festen Überzeugung, dass es nichts gibt, was uns scheiden
könnte „von der Liebe Gottes, die in Christus Jesus ist, unserem Herrn" (Röm 8,39). Ich füge für mich nun hinzu:
Es gibt auch nichts, was Gott daran hindern könnte, mit
uns in liebenden Kontakt zu kommen, sprich in uns zu
beten.

Joint venture

Wer dich in sein Leben einlässt,
wird kein Besessener.

Wer sich dir überlässt,
bleibt doch Herr seiner selbst.

Du willst keine leblosen Marionetten.
Du brauchst Menschen aus Fleisch und Blut.

Damit dein Wille geschehe,
muss ich auch willig sein.

Damit dein Reich in mir wachsen kann,
sollte ich den Boden gut bereiten.

Du gehst mit mir meine Wege,
doch es sind meine Füße, die zu laufen haben.

Du bist die Kraft, die mich gehen lässt,
doch die Blasen an den Füßen habe ich.

Darf man beim Beten rauchen?

Der Witz gehört zu den Klassikern des religiösen Humors und ist im Internet sowohl in einer christlichen wie auch in einer jüdischen Version zu finden. Ein Mönch beobachtete einen Mitbruder, der rauchend sein Brevier betete. Entrüstet stellte er ihn zur Rede: „Ich habe unseren Abt gefragt, ob ich während des Betens rauchen darf – und er hat es mir ausdrücklich verboten. Das Verbot muss auch für dich gelten!" – „Ich habe auch den Vater Abt gefragt", entgegnete der andere gelassen. „Ich habe gefragt, ob ich beim Rauchen beten darf – er hatte überhaupt nichts dagegen einzuwenden!"

Gibt es ein dem Beten angemessenes Verhalten? Sicher ist es hilfreich, sich um eine angemessene innere und äußere Haltung zu bemühen. So können Körperhaltungen vom rechten Beten ablenken, wenn es mich beispielsweise sehr viel Anstrengung kostet, längere Zeit kniend zu beten. Körperhaltungen können aber auch das innere Beten unterstützen, indem sie leibhaft zum Ausdruck bringen und uns selbst erfahrbar machen, was wir innerlich empfinden. Offene Hände, bewusstes Stehen, Knien, Tanzen …

Gibt es aber auch etwas, was absolut nicht zum Beten passt? Ich merke, wie sehr ich in meiner Kindheit zu einer recht strengen Haltung erzogen wurde. Heute bin ich da gelöster. So ging es mir eines Abends nach einem sehr arbeitsreichen, anstrengenden Tag, dass ich die Lust darauf verspürte, mich in den Sessel zu setzen, ein schönes Glas Wein zu trinken und einfach nur zu entspannen. Zugleich nahm ich in mir aber auch ein Drängen wahr, mir Zeit für Gott zu nehmen. Früher, als ich noch meinte, beim Beten sei meine eigene Anstrengung von großer Bedeutung, hätte ich in diesem Moment gesagt: „Tut mir leid, lieber Gott. Heute nicht. Ich bin einfach nur erledigt. Ich habe keine Kraft mehr zum Gebet. Nimm es mir nicht übel. Morgen nehme ich mir wieder mehr Zeit."

Jetzt aber, da ich erkannt hatte, dass es auf meine Anstrengung nicht ankommt, fiel es mir schwer, so einfach das Beten auf den nächsten Tag zu verschieben. Ich war mir sicher, es wäre für Gott kein Problem, wenn ich jetzt nicht beten würde. Aber ich spürte in mir ein sanftes Drängen, wie den Ruf eines Freundes: „Du musst gar nichts machen. Setz dich einfach für eine kleine Weile zu mir. Das genügt mir." Und ich wagte etwas, das mich zunächst Überwindung kostete. Ich zündete die Kerzen in meiner Gebetsecke an, schenkte mir ein Glas Wein ein und setzte mich mit dem Glas in der Hand vor die Ikonen. „Hier bin ich! Du weißt, wie ich mich fühle. Ich kann jetzt eigentlich nicht beten. Aber ich möchte ein bisschen bei dir verweilen." Ich saß dort und fühlte mich wohl. Wie beim Zusammensein mit einem guten Freund. Und plötzlich nahm ich wahr, dass alle Müdigkeit und Erschöpfung einfach verflogen waren.

Beten und Weintrinken wurde nicht zu meinem Standardprogramm. Aber es war ein wichtiger Schritt, um lockerer zu werden bei meinem Gebet. „Sei doch nicht so verkrampft", höre ich Gott ohne Worte sagen. „Du musst hier nichts leisten. Sei einfach da. Das genügt."

Der ungewöhnliche Gebetsabend weckte in mir die Erinnerung an meine Raucherjahre. Ich hatte es mir als Student zum Ritual gemacht, den Tag mit einer Zigarette zu beenden. Ich rauchte am offenen Fenster oder ging bei gutem Wetter noch einmal nach draußen und schaute in den Nachthimmel. Aus der einen Zigarette wurden oft zwei oder drei, aus den geplanten fünf Minuten eine Stunde oder auch länger. Ich machte eigentlich nichts Besonderes. Ich schaute hinauf in den Sternenhimmel, ich ließ die Gedanken an die Erlebnisse des zu Ende gehenden Tages in mir aufsteigen, ich kam innerlich zur Ruhe. Ich habe diese Form des Tagesabschlusses wirklich genossen und trauerte dem auch nach, als ich endlich von der Nikotinsucht befreit wurde. Ich hatte damals selten die Absicht zu beten. Das hatte ich meistens vorher schon „erledigt". Heute bin ich überzeugt, dass es Zeiten waren, in denen der Heilige Geist in mir betete. Auf seine Weise. Seufzend. Liebevoll. Effektiv. Und ich weiß inzwischen: Das geht auch ohne Zigarette.

Unverkrampft, aber nicht achtlos

Als ich ein Kind war, ging es in der Kirche noch ziemlich steif zu. Wir Kinder wurden dazu erzogen, uns „artig" zu verhalten. Es war verboten, sich umzudrehen. Mit dem Nachbarn zu flüstern ging gar nicht. Andächtig zu sein bedeutete, möglichst regungslos zu verharren, bis der Gottesdienst zu Ende war. Für uns Kinder war das eine ziemliche Herausforderung. Nach dem Zweiten Vatikanischen Konzil änderte sich nicht nur die liturgische Ordnung, sondern auch der Verhaltenscodex. Mein Heimatpfarrer lud offensiv dazu ein, die verkrampfte Haltung aufzugeben. „Begrüßt die Nachbarn in eurer Bank, wenn ihr euch hinsetzt!" „Gebt einander die Hand zum Friedensgruß, nicht nur demjenigen an der Seite, sondern auch den Leuten in den Reihen vor und hinter euch." Ich empfand diese Lockerung als durchaus hilfreich.
Inzwischen, scheint mir, hat sich das andere Extrem immer

mehr in unseren Gemeinden breitgemacht. Da wird in den Kirchbänken so lange geschwatzt, bis der Priester und die Ministranten in die Kirche einziehen. Und kaum, dass der Schlusssegen erteilt wurde, stürzen alle aus den Bänken und fangen erneut ein lebhaftes Gespräch an. Für ein behutsames Einstimmen auf die gottesdienstliche Feier und für ein liebendes Verweilen danach bleibt kaum eine Möglichkeit. Wo bleibt Raum für die Begegnung mit Gott? Natürlich begegnen wir ihm auch in unseren Mitmenschen. Aber nur dort? Erwarten wir überhaupt noch, dass Gott uns in der Stille und durch die Worte der biblischen Lesungen im Gottesdienst persönlich ansprechen könnte? Ich habe den Eindruck, dass diese Erwartung immer seltener wird. Es kommt darauf an, dass der Pfarrer gut predigt (und bitte nicht zu lang), dass die Musik ansprechend und die Atmosphäre schön ist. Für Momente der Stille lassen die Geistlichen auch selten Raum. Gleich nach den Lesungen intoniert die Orgel einen Gesang, ebenso nach dem Empfang der Kommunion. Pausen und „peinliche Stille" möchte man doch lieber niemanden zumuten.

Ich bedauere diese Entwicklung. Ob wir es erleben werden, dass sich alles nun in ein gesundes Mittelmaß einpendelt? Unverkrampft im Gottesdienst anwesend sein, aber doch voller Achtsamkeit? Aufmerksam für den Menschen neben mir, doch voll Erwartung an die Begegnung mit Gott, dem die ganze Feier doch eigentlich gilt?

Bittet um alles, was ihr wollt

Jesus ermutigt immer wieder dazu, Gott unsere Bitten vorzutragen. „Bittet, dann wird euch gegeben; sucht, dann werdet ihr finden; klopft an, dann wird euch geöffnet" (Lk 11,9). Und er sagt uns zu: „Wenn ihr in mir bleibt und wenn meine Worte in euch bleiben, dann bittet um alles, was ihr wollt: Ihr werdet es erhalten" (Joh 15,7). Um alles bitten, was wir wollen – wie meint das Jesus? Wir wissen doch aus Erfahrung, dass viele unserer Bitten nicht erhört werden. Wir dürfen nicht den Vordersatz übersehen, dass sich diese Aufforderung an Menschen richtet, die Jesus ganz eng verbunden sind, „in ihm bleiben". Wer so in Einheit mit Jesus lebt, betet der anders? Hat er von sich aus andere Bitten als jemand, dem Jesus noch fremd ist?

Der Mystiker Johannes vom Kreuz (1542–1591) lehrte: Der geistliche Mensch „beschränkt sich darauf, dem Geliebten seine Not und Qual vorzustellen; denn wer besonnen liebt, wird nur auf seine Bedürftigkeit hinweisen, anstatt das Gewünschte zu erbitten. So bleibt die Art und Weise der Abhilfe dem Geliebten überlassen. So sagte die gesegnete Jungfrau auf der Hochzeit (zu Kana) nur dies zu ihrem geliebten Sohn: , Sie haben keinen Wein mehr.'"[27]

Reinhard Körner verdanke ich in diesem Zusammenhang den Hinweis auf eine Aussage des hl. Augustinus: „Warum lenkt Gott uns zum Gebet? Er weiß doch, was für uns notwendig ist, noch ehe wir ihn darum bitten. Wir können es wohl nur so verstehen, dass unser Herr und Gott nicht etwa unseren Wunsch kennenlernen will, der ihm ja nicht unbekannt sein kann. Vielmehr soll durch das Gebet unser Verlangen gestärkt werden, aufzunehmen, was Gott uns zu geben beabsichtigt. Denn seine Gabe ist groß, wir aber sind klein und eng im Annehmen. Daher sagt er uns: ,Macht euch weit, damit ihr nicht mit den Ungläubigen zusammen unter dem gleichen Joch zieht' (1 Kor 6,13ff.)."[28] Körner kommentiert: „Ein Bittender, der von Gott eine von vornherein festgelegte Lösung seiner Anliegen erwartet, wird blind für die wirklichen ‚Gebetserhörungen‘, die oft voller Überraschungen und Abenteuer sind – und blind für den Segen, der in einer Not liegen kann, die Gott (scheinbar) nicht wendet.“[29]

Noch einmal der hl. Augustinus: „Durch unser Gebet soll unser Verlangen gestärkt werden, damit wir imstande sind zu erfassen, was Gott zu geben beabsichtigt. Denn dies ist sehr groß, wir aber sind an Fassungskraft klein und beschränkt. Umso fähiger werden wir sein zum Genusse jenes erhabenen Gutes, je treuer wir daran glauben, je zuversichtlicher wir darauf hoffen, je glühender wir nach ihm Verlangen tragen. Immer also wollen wir dieses von Gott erwarten, immer darum bitten. Darum sollen wir von anderen Sorgen und Geschäften weg, die kältend auf jene Sehnsucht wirken, zu gewissen Stunden den Geist zum Gebete rufen, damit wir als unsere eigenen Mahner uns im Gebetswort auf das hin sammeln, was unser Sehnen ist, auf dass nicht ganz erkalte, was schon lau geworden, und nicht ganz erlösche, was je und je entfacht sein will.“[30]

Betendes Verweilen

In stillem Feueratem
sprichst zärtlich du mich an.
Schweigsame Berührung
erreicht mein taubes Ohr.

In vielsagender Leere
sprichst du dein Wort mir zu.
Nicht in Gedankenrahmung fassbar
ist das, was mich ergreift.

Und doch ist es wirklich
und keine Träumerei,
ereignet sich Begegnung,
Kommunion mit dir.

Aus sicherer Distanz
kann ich es nicht beschreiben.
Nur im Präsens des Geschehens
spricht handgreiflich dein Wort.

Im Rückblick bedrängt den Verstand die Frage,
ob das wirklich ein Gebet war.
Doch im Leib spüre ich warm und bergend,
wie gut es tut, bei dir zu sein.

Immer in Versuchung,
Gefühle festzuhalten,
Mauern zu errichten
für ein Haus des stillen Glücks.

Doch die Begegnung mit dir
erlebe ich in Zelten.
Von stillem Wind bewegt,
ergebe ich mich dir.

Glauben und Handeln

In diesem Buch war viel von Sehnsucht die Rede, von Verweilen in der Gegenwart des Herrn und davon, sich Gott zu überlassen. Es könnte der Eindruck entstehen, hier würde eine weltabgewandte Innerlichkeit propagiert. Haben wir von Gott nicht den Auftrag zur aktiven Weltgestaltung? Muss der Glauben nicht zum Handeln führen? Zu Recht stellt der Jakobusbrief diese Anfrage: „Meine Brüder, was nützt es, wenn einer sagt, er habe Glauben, aber es fehlen die Werke? Kann etwa der Glaube ihn retten?" (Jak 2,14). Für den Autor ist klar: „So ist auch der Glaube für sich allein tot, wenn er nicht Werke vorzuweisen hat" (Jak 2,17). Ich stimme dem voll zu. Wichtig ist es aber, dass beides zusammenkommt, Glauben und Handeln, Gottes Tat und menschliche Tat. Oft habe ich den Eindruck, viele Christen würden handeln, als ob es Gott nicht gäbe, als ob von Gott ja sowieso keine Unterstützung zu erwarten sei. Für mein Handeln als Mitglied einer missionarischen Ordensgemeinschaft ist die Überzeugung grundlegend geworden, dass nicht wir die Subjekte der Mission sind. Gott hat eine Mission, er bittet uns dafür aber um Unterstützung. Wir dürfen mitarbeiten, aber wir müssen das Ziel des Unternehmens nicht aus eigener Kraft erreichen. Wir wären damit auch völlig überfordert und wo Menschen „Gottes Sache" ganz in die eigene Hand nehmen wollen, wird es immer gefährlich. Die Kirchengeschichte liefert dafür eine Fülle abschreckender Beispiele.

Ich habe in mehreren biblischen Bildern Handlungsmodelle gefunden, die mich immer wieder neu inspirieren. Ich möchte hier drei Modelle vorstellen: Engel, Erntehelfer und Esel.

Mein Namenspatron ist der Erzengel Rafael, von dem uns im Buch Tobit erzählt wird. Er hat von Gott eine zweifache Sendung bekommen: eine vermittelnde Tätigkeit von den Menschen her zu Gott und eine Sendung von Gott her zu den Menschen. So stellt er sich selbst vor: „Ich bin Rafael, einer von den sieben heiligen Engeln, die das Gebet der Heiligen emportragen und mit ihm vor die Majestät des heiligen Gottes treten" (Tob 12,15). Wie er sehe ich meine Aufgabe darin, nicht mit leeren Händen zu Gott zu kommen, sondern ihm das Gebet meiner Mitmenschen zu bringen. Eine Berufung zur Solidarität und Unterstützung im Gebet – ich halte das für eine sehr wichtige Aktivität. Ich nehme es darum auch sehr ernst, wenn Menschen mich darum bitten, für sie zu beten. Rafael bekommt aber auch eine Sendung von Gott her. Er soll Menschen auf ihrem Weg begleiten und ihnen Heilung bringen. Zwar heißt es zunächst, er sei gesandt, um die leidenden Tobit und Sara zu heilen (Tob 3,17). Das Buch Tobit macht dann aber schön deutlich, dass nicht er selbst es ist, der heilt. Vielmehr macht er die Menschen aufmerksam auf heilbringende Ressourcen, die ihnen in nächster Nähe zur Verfügung stehen. Er ermutigt sie, diese zu ergreifen und so selbst den Weg zur Heilung und Befreiung zu finden. Begleiten und unterstützen – dazu fühle ich mich in der Lage, es überfordert mich nicht.

Das zweite biblische Handlungsmodell ist der Erntehelfer. Als Jesus seine Jünger zu den Menschen sendet, fordert er sie auf, Gott um die Sendung von Erntehelfern zu bitten (vgl. Lk 10,2). Gott ist es, der den Samen gibt und es wachsen lässt. Ich bin überzeugt: So wie die Menschen, denen Rafael helfen darf, die heilbringenden Mittel in ihrer nächsten Nähe haben, ohne das auch nur zu ahnen, so gibt es auch in unserer Lebenswelt sehr viel Heilbringendes und Lebensförderndes, das Gott hat wachsen lassen. Wenn es aber niemand wahrnimmt und erntet, verrottet es auf den Feldern, statt den Hunger der Bedürftigen zu stillen. Als Erntehelfer darf ich einsammeln, was Gott hat wachsen lassen, und es weitergeben an diejenigen, die es benötigen.

Am liebsten ist mir das dritte biblische Modell geworden: der Esel, mit dem Jesus in die Stadt Jerusalem ritt (vgl. Mk 11,1–11). Wie dieses Tier soll auch ich mich wegführen lassen aus meiner bisherigen Lebenswelt, wo ich angebunden bin. Ich höre in meinem Gebet immer wieder mit Freude, wozu ich von meinen Fesseln befreit werde: „Der Herr braucht ihn" (Mk 11,3). Der Esel wird uns als Jungtier vorgestellt, auf dem noch nie ein Mensch gesessen hat. Wie wird sich dieses Tier gefühlt haben, als man es losband, damit es für Jesus einen Dienst tut? Ich empfinde schnell Überforderung. Wird es nicht eine unerträglich schwere Last sein, wenn ein erwachsener Mann von mir getragen werden soll? Mir fehlt jede Erfahrung, wie kann ich da den richtigen Weg finden, wohin der Herr möchte? Ich höre dann Jesu ermutigendes Lachen. „Du Dummerchen! Du musst mich nur tragen, ich werde dir schon den Weg weisen!" Jesus nimmt mir auch meine Ängste vor Überforderung. Wer sich sein Joch auflegen lässt, erfährt, dass diese Last leicht ist (Mt 11,30). In seinem Dienst zu stehen fühlt sich nicht schwer an, es scheint mir fast, als würde ich selbst getragen. Jesus legt mir auch kein Zaumzeug an und schwingt auch nicht die Peitsche. Es reicht eine sanfte Berührung, damit ich weiß, in welche Richtung ich meine Füße zu lenken habe. Wer sich wie der Esel aus dem Dorf in der Nähe von Jerusalem vom Herrn in Dienst nehmen lässt, kann Großartiges erleben. Man kann ihn zu den Menschen bringen und man kommt mit ihm hinein in den heiligen Bezirk, in den Ort, wo Gottes Gegenwart besonders intensiv zu erfahren ist.

Sich mit Menschen in ihrem Beten solidarisch zeigen, sie zu begleiten und zu unterstützen, damit sie Heilung und Erlösung finden; ernten, was Gott wachsen lässt und es an Bedürftige weitergeben und den Herrn zu den Menschen tragen, von ihm geleitet und geführt – das sind biblische Handlungsmodelle, die ich für mich übernehmen möchte. Ich kann die Welt nicht retten – nicht einmal die Menschen in meiner unmittelbaren Umgebung. Ich brauche das auch nicht zu können. Jesus bittet mich nur, ihn zu unterstützen bei seiner heilbringenden Mission, als Engel, Erntehelfer oder Esel.

Nachwort

Ich habe nun tatsächlich dieses Buch geschrieben. Lange habe ich mich gefragt, für wen ich es eigentlich schreibe. Ist es vielleicht nur für mich selbst, damit ich erkenne, welchen Weg ich gegangen bin? Damit ich diesen Weg dann mit größerer Entschiedenheit und ganz unverkrampft weitergehe? Oder ist es für andere? Möchte Gott, dass ich etwas von dem teile, was mich so glücklich macht? Aber würde das Schreiben nicht den Eindruck erwecken, ich könnte doch etwas Sicheres über das Beten mitteilen? Ich wäre schon am Ziel meiner Bemühungen angelangt? Ich denke an die Spezialisten für spirituelle Theologie. Sie werden vielleicht über mich lächeln und denken: Der ist noch ganz am Anfang. Da fehlt noch das und das. Aber das stört mich nicht. Es reicht mir, zu wissen, dass ich das Beten nicht machen muss. Dass es genügt, Gott die leeren Hände entgegenzustrecken.

Ich schaue zurück auf dieses Buch. Dafür, dass ich behaupte, etwas nicht zu können, habe ich doch ziemlich viel geschrieben. Aber es stimmt. Ich kann nicht beten. Ich kann auch nicht glauben. Und erst recht nicht lieben. Wenn ich mich morgens zum Beten in meine Gebetsecke setze, dann wird mir das immer wieder bewusst: Ich kann es nicht. Das Einzige, was ich anbieten kann, ist die Sehnsucht, die ich in mir spüre. Ich würde gerne glauben. Ich würde Gott gerne lieben. Ich wäre gerne ganz empfänglich für seine Liebe. Und darum möchte ich jetzt gerne beten. Aber ich weiß nicht, wie das geht. Ich habe kein Rezept dafür, keine unschlagbar effektive Methode, mit der ich sicher das Ziel erreiche. Ich habe nichts. Ich kann nichts. Ich weiß nichts. Aber ich beunruhige mich deswegen nicht mehr, seit ich weiß, dass Gott die Liebe ist. Ich komme nicht als Bittsteller zu jemandem, der mir gnädiglich eine Gunst erweist, weil er gerade in einer guten Stimmung ist. Ich sitze hier und richte mich aus auf jemanden, der Liebe ist. Der ebenso wie ich von einer großen Sehnsucht verzehrt wird. Gott hat Sehnsucht nach mir. Wenn ich wieder einmal die Unsicherheit in mir spüre, wie das jetzt eigentlich mit dem Beten gehen soll, dann mache ich mir das immer bewusst: Ich bin nicht der Einzige, der etwas ersehnt. Gott hat auch eine große Sehnsucht. Er will mich aber nicht überfallen. Er respektiert meine Freiheit und wartet darauf, dass ich ihm die Erlaubnis gebe, in mir zu wirken. Mein Gebet lautet darum einfach: „Komm herein in mein Lebenshaus. Bete du in mir. Mache du das Wunder möglich, dass wir uns begegnen."

Ich weiß: Der Heilige Geist wird in mir beten, wenn ich ihm dazu die Erlaubnis gebe. Und wie mache ich das? Gibt es dazu wenigstens eine Methode? Machen kann ich das auch nicht. Es ist wie bei meinen Übungen zur Körperwahrnehmung, mit denen ich mein Gebet beginne. Wenn ich mich krampfhaft bemühe, etwas zu spüren, dann wird es auch ein Krampf. Ich kann nur in die Richtung spüren und wahrnehmen, was sich zeigt. Und so, wie es jetzt ist, darf es sein. So ist das auch mit dem Beten. Ich spüre mit meiner Sehnsucht in Richtung von Gott. Und so wie das Beten sich dann heute zeigt, ist es gut. Und alle Verkrampftheit verschwindet. Die Knoten lösen sich auf. Ich bin frei. Ich bin bei Gott. Und habe ihn nicht.

Anmerkungen

[1] Die Bibelzitate in diesem Buch werden alle nach der Einheitsübersetzung in der Fassung von 1980 wiedergegeben. Es war diese Übersetzung, die ich in den Gebeten und Schriftbetrachtungen benutzte, von denen in diesem Buch erzählt wird.

[2] Eugène Ionescu, Interview mit Ulrich Wickert, Zeit und Ort unbekannt; Fundort: http://www.ionesco.de/interview.html, abgerufen am 18.02.2017.

[3] Augustinus, Serm. 306,3, deutsche Übersetzung übernommen aus einer Predigt von P. Alfons Tony OSA, der ich auch wichtige Anregungen für diesen Abschnitt entnommen habe. Quelle: http://www.augustiner.de/files/augustiner/downloads/augustinus_06_01.pdf, abgerufen am 04.04.2017.

[4] Auslegung von Psalm 37,14, in: PL 36, 404; deutsche Übersetzung übernommen von: http://www.augustiner.de/files/augustiner/downloads/augustinus_ 06_01.pdf, abgerufen am 04.04.2017.

[5] Augustinus, Traktat zum Johannesbrief 4, 6, in: PL 35, 2008f., deutsche Übersetzung übernommen aus: Marianus Bieber, Leben aus dem Gebet – Leben mit Christus, in: Die beiden Türme Jg. 47 (2011), Nr. 99, S. 2–17.

[6] Augustinus, Traktat über 1 Joh 3,2, Quelle der deutschen Übersetzung unbekannt.

[7] Theodor W. Adorno, Minima Moralia. Reflexionen aus dem beschädigten Leben (Gesammelte Schriften; 4), Frankfurt a.M. 1980, S. 218.

[8] Vgl. Bernhard Raspels, Bis an die Ränder der Welt, in: Kirchenzeitung für das Erzbistum Köln, Heft 20, 15. 05. 2015, S. 8.

[9] Vgl. Christian Lehnert, Lichtschmerz. Wie Paulus von der Auferstehung der Toten spricht, in: Te Deum, September 2016, S. 302–310.

[10] A.a.O., S. 309.

[11] Ebd.

[12] Ebd.

[13] A.a.O., S. 310.

[14] Ebd.

[15] Ebd.

[16] Ignatius von Loyola, Geistliche Übungen. Übertragung und Erklärung von Adolf Haas, Freiburg i.Br. 1967, S. 15.

[17] Ägid van Broeckhoven, Freundschaft in Gott, Dritte, erweiterte Auflage, Freiburg 2014, S. 21.

[18] Vgl. Augustinus, Bekenntnisse III, 6, 11: „Du aber warst noch innerer als mein Innerstes und höher noch als mein Höchstes." Deutsche Übersetzung zitiert nach: Augustinus, Bekenntnisse. Confessiones. Aus dem Lateinischen übersetzt von Joseph Bernhart. Hg.Von Jörg Ulrich, Frankfurt a. M. / Leipzig 2007, S. 53.

[19] Augustinus, Traktat über 1 Joh 3,2; Quelle der deutschen Übersetzung unbekannt.

[20] Vgl. Michael Hengl, Raus aus dem kognitiven Gefängnis, Text datiert 06.07.2011, Fundort: http://www.harvardbusinessmanager.de/blogs/a-772382.html, abgerufen am 21.04.2017.

[21] Vgl. Bertrand Piccard / Brian Jones, Mit dem Wind um die Welt, München / Zürich 2001.

[22] Vgl. Ignatius, Exerzitienbuch Nr. 318.

[23] Vgl. Ignatius, Exerzitienbuch Nr. 319.

[24] Diese Deutung von Mk 1,15 hat besonders Reinhard Körner in seinen Büchern sehr schön entfaltet.

[25] Vgl. Brief vom 20.09.1548, Monumenta Historica Societatis Iesu, Monumenta Ignatiana I,II, S. 233–237.

[26] Annette Schleinzer, Die Liebe ist unsere einzige Aufgabe. Das Lebenszeugnis von Madeleine Delbrêl, Ostfildern 1994, S. 163.

[27] Johannes vom Kreuz, Der Geistliche Gesang 2,8. Deutsche Übersetzung nach: Gesammelte Werke, Vollständige Neuübertragung. Hg. u. übersetzt von Ulrich Dobhan, Elisabeth Hense, Elisabeth Peeters, Bd. 3, Freiburg i.Br. 1997.

[28] Augustinus, Ep. 130,17–18, Quelle der deutschen Übersetzung unbekannt.

[29] Reinhard Körner, „Nur auf die Bedürftigkeit hinweisen, anstatt das Gewünschte zu erbitten …", in: Ders. (Hg.), Quellen lebendigen Wassers. Kernworte christlicher Mystik für die Spiritualität im Alltag, Leipzig 2008, S. 49–51.

[30] Augustinus, Ep. 130 VIII/17.IX/18, Quelle der deutschen Übersetzung unbekannt.